MANUEL MÉTROLOGIQUE

DES

PEUPLES DE L'ANTIQUITÉ.

MANUEL MÉTROLOGIQUE

DES

PEUPLES

DE L'ANTIQUITÉ,

A L'USAGE DES COLLÉGES ET INSTITUTIONS,

Ouvrage spécialement consacré à faciliter l'interprétation des auteurs classiques,

PAR

J. GIROD DU SAUGEY,

PROFESSEUR DE L'UNIVERSITÉ.

A PARIS,

A LA LIBRAIRIE CLASSIQUE DE A. JEANTHON,

LIBRAIRE-ÉDITEUR,

Place Saint-André-des-Arts, 11.

1837.

PRÉFACE.

Connexas rerum ambages nodosque resolvit.

Les jeunes gens et les littérateurs même rencontrent une foule de difficultés dans les passages des auteurs classiques grecs et latins où il s'agit de monnaies, de poids et de mesures. Il est vrai qu'un grand nombre de savans se sont livrés à des travaux d'érudition pour parvenir à déterminer le rapport du système métrique des anciens peuples avec le nôtre; mais nous avons remarqué que leurs ouvrages exigent une étude trop longue pour la jeunesse.

Les longs ouvrages me font peur,

dit la Fontaine. Il ne faut aux jeunes gens ni hypothèses ni système compliqué; un exposé simple, un vocabulaire peu considérable, les citations des meilleurs auteurs et les notes des traducteurs, tels sont les moyens qui nous ont paru des plus propres à fixer les idées sur une question que les hommes les plus savans regardent comme très grande, très importante et très difficile. Les principes que nous avons établis et les citations qui s'y rapportent se prêtent une lumière et un mutuel secours. Dans un ouvrage qui a été composé pour la jeunesse nous avons dû insérer les extraits des auteurs les plus estimés, et nous ne nous sommes pas fait un scrupule de répéter ce qui a été dit par d'autres lorsque leurs opinions s'accordaient avec les nôtres. Nous avons presque toujours nommé les traducteurs pour faire sentir aux jeunes gens combien ce travail est difficile, puisque les savans sont si peu d'accord à cet égard.

Notre but principal a donc été d'initier les jeunes gens dans une science qui leur était inconnue, et de leur présenter dans quelques pages ce qui est épars dans un grand nombre d'ouvrages volumineux et surchargés d'érudition. Nous leur épargnerons un temps toujours précieux en leur aplanissant des difficultés qui rendent inextricables des passages importans pour l'intelligence de l'histoire. Ce vocabulaire ne sera pas sans prix aux yeux des lecteurs instruits; c'est un flambeau qui les éclairera dans leurs recherches : il est nécessaire aux jurisconsultes, aux médecins et encore aux personnes qui s'occupent de calculs et de finances; c'est surtout pour eux que nous plaçons à la suite du Dictionnaire un tableau des anciens poids et mesures dressé par ordre du gouvernement anglais. N'eût-il d'autre mérite que celui d'exposer des principes encore peu connus d'une science nécessaire et très étendue, ce petit ouvrage doit inspirer quelque intérêt.

INSTRUCTIONS

PRÉLIMINAIRES.

Nous croyons qu'il est à propos de donner, pour faciliter l'intelligence de ce petit traité, quelques définitions préliminaires puisées dans le *Cambiste universel*, publié par ordre du gouvernement anglais.

MESURES.

Tous les peuples ont distingué trois espèces de mesures; les mesures linéaires ou de longueur, les mesures carrées ou de superficie, les mesures solides ou cubiques.

La ligne est l'étendue en longueur seulement; la surface est l'étendue en longueur et en largeur. Un carré de seize pieds, par exemple, est une surface, une aire ou une superficie (ces trois mots sont synonymes) qui a quatre pieds de long sur quatre pieds de large.

La toise cubique contient deux cent seize pieds cubes, parce que c'est un cube qui a six pieds de long, six pieds de large et six pieds de haut; $216 = 6 \times 6 \times 6$.

Les mesures linéaires déterminent la longueur des routes; en un mot les distances de toute espèce. Les mesures carrées s'appliquent aux surfaces, aux terres.

Les mesures cubiques s'appliquent aux solides, c'est à dire aux corps qui ont les trois dimensions, longueur, largeur, hauteur ou profondeur.

Un marbre, une pièce de charpente, etc., sont ce qu'on appelle corps ou solides.

Les mesures carrée, cubique proviennent des mesures linéaires; il est vraisemblable qu'on les a déduites des parties du corps humain ainsi que notre système de numération. Le système duo-décimal rendrait les calculs plus faciles; mais on a imaginé le système décimal parce que nous avons cinq doigts à chaque main. Par la même raison on a imaginé pour mesures de longueur le pied, le pouce, la brasse, etc.

La brasse d'un homme bien proportionné est égale à sa hauteur ou stature, le pas à la moitié, la coudée au quart, le pied au sixième. Le pied égale trois fois la largeur de la main et douze fois celle du pouce.

POIDS.

Le poids, qu'il ne faut pas confondre avec la pesanteur, est une propriété naturelle de la matière; elle est proportionnelle à son volume et à sa densité. Pour apprécier le poids d'un corps on le place dans le plateau d'une balance (*libra, statera*) qu'on met en équilibre avec un poids connu.

On sait que c'est Newton qui le premier a découvert, puisqu'il l'a démontrée, la gravitation universelle et les principales propriétés du poids des corps. Ce sublime génie a prouvé que toutes les parties de la matière gravitent les unes vers les autres avec une force proportionnelle à leurs masses, et réciproque aux carrés de leurs distances mutuelles; cette force retient les planètes et les comètes autour du soleil, comme chaque système de satellites autour de sa planète principale, etc.; il trouva la masse relative des différentes planètes; il détermina les rapports des axes de la terre, montra la cause de la précession des équinoxes, trouva la force du soleil et de la lune pour soulever l'océan, etc.

Voici les principales propriétés du poids des corps :

1° Le poids des corps, à égale distance du centre de la terre, est en raison directe de la quantité de matière qu'ils contiennent.

2° Le poids du même corps, pris à différentes hauteurs au-dessus de la surface de la terre, est en raison inverse du carré de la distance au centre de la terre.

3° Le poids du même corps, considéré à différentes profondeurs dans l'intérieur de la terre est en raison directe des distances au centre de la terre, de manière que pris à une station moyenne entre celle qu'il occupait d'abord et le centre de la terre il n'a plus que la moitié de son poids, et qu'arrivé au centre il n'en a plus du tout.

4° Un corps plongé dans un liquide spécifiquement plus léger perd une partie de son poids égal à celui d'une masse de liquide de même volume que le corps immergé.

ÉTALON.

Le mot étalon désigne un poids ou une mesure convenue, au moyen de laquelle on en ajuste d'autres. Les étalons se divisent en étalons arbitraires et en étalons invariables. Les premiers sont ceux qui ont été fixés selon le caprice et les idées des hommes. Ils sont imparfaits sous plusieurs rapports.

Les seconds sont pris dans la nature : on a choisi quelque propriété inaltérable des corps, telle que la loi de la gravitation terrestre, les mouvemens des corps célestes, ou la mesure de quelque arc ou portion du méridien.

On peut regarder l'invention des poids et des mesures comme un heureux effet de la *propriété*. On conçoit qu'un homme, dès qu'il a eu le droit de dire ce champ est à moi, a dû le mesurer afin d'en faire respecter les limites.

Aussi les étalons des poids et mesures étaient-ils des objets sacrés. Les Juifs les déposaient dans le sanctuaire; les Grecs et les Romains dans leurs temples, et les premiers chrétiens dans leurs églises. On sait aussi que les anciens ajustaient leur étalon sur quelque monument durable.

La base de la plus grande pyramide en Egypte, qui était la cinq centième partie d'un degré du méridien, servait à cet objet.

Plusieurs contrées de l'Europe et de l'Asie avaient emprunté leurs mesures des Egyptiens

Des étalons uniformes furent établis dans tout l'empire romain d'après l'archétype conservé au Capitole.

MONNAIES.

Les anciens regardaient aussi la monnaie comme sacrée. Elle était fabriquée dans les temples.

Les Athéniens comptaient par talent, mine, tétradrachme, drachme.

Le talent valait 6,000 drachmes; la mine 100 drachmes; le tétradrachme 4 drachmes, comme le désigne son nom; la drachme se divisait en 6 oboles.

Les Romains comptaient par deniers, sesterces, mines d'Italie, ou livres romaines, et talens.

La proportion de l'or à l'argent était ordinairement de dix à un, quelquefois de onze, de douze et même de treize à un.

Pour empêcher les faux monnayeurs de contrefaire certaines espèces de monnaies d'or et d'argent les Romains imaginèrent de les denteler tout autour comme une scie, et on nomma ces sortes d'espèces *nummi serrati*. Il y a des traducteurs et des commentateurs de Tacite qui se sont persuadé que le *nummus serratus* était une monnaie qui portait l'empreinte d'une scie; c'est une erreur grossière.

Outre les talens, les mines et les drachmes, les Hébreux avaient encore des sicles et des demi-sicles ou des békas.

La valeur du talent des Hébreux est connue par un passage de l'*Exode*; on y lit que la somme que produit la taxe d'un demi-sicle par tête, payée par six cent trois mille cinq cent cinquante (603,550) personnes, fait 301,775 sicles; cette somme, réduite en talens dans ce passage, est exprimée par celle de cent talens, avec un reste de mille sept cent soixante quinze sicles; il n'y a donc qu'à retrancher ce reste mille sept cent soixante quinze sicles du nombre entier 301,775, et en divisant les 300,000 qui restent par 100, qui est le nombre des talens que cette somme forme dans le calcul de Moïse; on trouve qu'il y avait 3,000 sicles au talent. Ézéchiel nous apprend qu'il y avait 60 sicles à la mine, d'où il suit qu'il y avait 50 mines au talent des Hébreux. Quant aux drachmes, Saint Matthieu fait voir que le sicle en contenait quatre.

Le talent d'Alexandrie contenait 12,000 drachmes d'Athènes, qui font la valeur du talent mosaïque.

Les Babyloniens comptaient par drachmes, par mines et par talens. La mine de Babylone contenait 116 drachmes d'Athènes, et le talent contenait, selon les uns, 70 mines, ou 8,120 drachmes d'Athènes, et selon les autres il contenait seulement 60 mines, ou 7,000 drachmes d'Athènes. Cette dernière évaluation paraît la plus vraisemblable.

Tout ce que nous venons de dire ne regarde que l'argent; il est facile d'appliquer nos remarques à l'or en faisant attention, comme il a été dit plus haut, que chez les anciens la proportion de ce métal avec l'argent était ordinairement de dix à un, quelquefois de onze, de douze et même de treize à un.

b

SYSTÈME GÉNÉRAL
DE COMPARAISON.

ÉVALUATION DE LA MONNAIE DES ANCIENS.

Les monnaies *réelles* et de *compte* en usage chez les anciens étaient :

Le denier, le sesterce, l'*aureus*, chez les Romains; la drachme chez les Athéniens.

La lettre X est la sigle du mot *denarius* :

XVI exprime sa valeur en *as*.

Ainsi les caractères X et XVI sont le signe du denier.

Le denier était de 84 à la livre.

Un denier est égal à 84 centimes :

Ainsi l'*as* égale $\frac{84 \text{ c.}}{10} = 8$ c. $\times \frac{2}{5}$; ou il égale $\frac{84 \text{ c.}}{16} = \frac{21 \text{ c.}}{4}$.

La moitié du denier s'appelait *quinarius* (quinaire).

1 quinaire $= 42$ c.

Le demi-denier était aussi appelé *victoriatus*, parce qu'il portait une Victoire.

Le quart du denier s'appelait *sertertius* (sesterce).

1 sertertius $= \frac{1}{4}$ as $= 21$ c.

Ces monnaies étaient marquées, l'une (le *quinarius*) des signes V et VIII; l'autre (le sesterce) du signe H. S.; le denier d'or ou *aureus* était, dit Pline, à la taille de 40 à la livre.

1 aureus $= 25$ deniers $= 21$ francs.

Les auteurs ont plusieurs fois identifié la valeur de la drachme et celle du denier : des recherches exactes prouvent que

1 drachme $= 90$ c.

Le scrupule est la vingt-quatrième partie de l'once romaine.

Le *sestertium* ou mille sesterces $= 210$ fr.

Les Romains comptaient ordinairement par *sertertii* ou *sestertia*. (*Sestertia* n'est jamais du genre féminin.)

Quand un nom de nombre est joint à *sestertii*, il indique précisément autant de sesterces.

Decem sestertii signifie 10 sesterces, mais si *decem* est avec *sestertia*, il indique autant de mille sesterces; ainsi *decem sestertia* signifie dix mille sesterces.

Sestertium, *mille sestertii*, *mille nummi*, vel *sestertii nummi*; *mille sestertiûm*; *mille nummûm*, *vel sestertiûm*, *nummûm mille*; H. S. 2,500 æris.

2,500 æris, scilicet, asses; 250 denarii, vel *drachmæ* indiquent la même somme.

Les Romains n'avaient point de signe qui exprimât un nombre au-dessus de mille; ils n'avaient pas connaissance des chiffres arabes, au moyen desquels on compte beaucoup plus (facilement. Ils étaient obligés d'employer des adverbes numériques, tels que *decies*, *vicies* vel *vigesies*, *centies*, *millies*, pour exprimer les nombres au-dessus de cent mille.

Ainsi, quand on rencontre un de ces adverbes, il faut sous-entendre *centena millia*, etc. cent mille, etc.)

Quelquefois l'adverbe exprime tout le nombre par lui-même, ainsi *decies* s. c. (scilicet) exprime précisément *decies centena millia sestertiûm*. Par la même analogie, *decies æris* signifie *centena millia assium*. Dans les expressions *deni æris*, *centum æris*, le mot *asses* est toujours sous-entendu. Quand les lettres sont surmontées d'une ligne, on sous-entend *centena millia*, comme dans le cas des adverbes numériques; ainsi, H. S. M̄. C̄. répond à *millies centies*, id est 110,000,000 *sestertii* ou *nummi* = 21,000,000 *sestertii* ou *nummi*, tandis que H. S. M. C. sans la ligne supérieure désigne seulement 1,100 sesterces.

Si des points distinguent les nombres en deux ou trois ordres, le premier, vers la droite, marque les unités; le second, les mille, et le troisième, les centaines de mille. Ainsi III. XII. DC. HS signifie 300,000; 12,000, et 600 quand H. S. ou *sestertium* est placé après *decem millia* ou un autre nombre, il est au génitif pluriel (*sestertiûm*), et indique autant de sesterces. On peut les exprimer aussi par *decem sestertia*, etc.; mais si le mot *sestertium* est joint avec *decies* ou un adverbe numérique semblable, cela exprime, comme nous l'avons dit, *decies centies sestertiûm*, id est *decies centum*, vel *decies centena millia sestertiûm*, vel *sestertiorum*.

Ces principes simples étant bien compris on voit que :

1 *sestertium* ou mille sesterces = 21,000 centimes = 210 francs.

10 sesterces (*sestertii*) = 210 c. = 2 fr. 2 sous.

10 *sestertia* ou 10,000 *sestertii* = 2,100 fr.

100 *sestertia*, ou 100,000 *sestertii* = 21,000 fr.

Centies, vel *centies* H. S. vel *centies centum millia sestertiorum* = 10,000,000 sesterces = 2,100,000 fr.

Ces notions bien entendues, il est facile de comprendre tous les passages des auteurs classiques.

Crassus possédait en terres *bis millies*, c'est à dire *bis millies millia centena sestertiorum*, 42,000,000 fr., outre son argent, ses esclaves et tout son mobilier, qui pouvait valoir au moins autant (*alterum tantum*). Il avait coutume de dire qu'un citoyen qui n'avait pas une fortune assez considérable pour entretenir une armée ou une légion ne méritait pas le titre de riche.

Le philosophe Sénèque possédait *ter millies*, c'est à dire *ter millies centena millia sestertiorum*, trois mille fois cent mille sesterces, qui sont égaux à 63,000,000 francs.

Lentulus l'augure était riche de *quater millies* = 84,000,000 fr.

Tibère laissa à sa mort *vigesies septies millies* = 567,000,000 fr. : Caligula les dépensa en moins d'une année.

Vespasien à son avènement à l'empire évalua toutes les dépenses de l'état à *quadringenties millies* = 8,400,000,000 fr.

Les dettes de Milon se montaient à *septingenties* = 14,700,000 fr.

César, avant d'avoir exercé aucune charge, devait 1,300 talens = 7,020,000 fr.

En effet le talent = 6,000 drachmes; or la drachme = 90 c. Ainsi cela se réduit à multiplier 1,300 par 5,400.

On rapporte que César dit *bis millies* et quingenties sibi deesse ut nihil haberet. Bis millies et quingenties = 52,500,000 fr. A son entrée dans Rome, au commencement de la guerre civile, il enleva du trésor 26,303,496 fr., et il y versa à la fin de la même guerre plus de 116,250,000 francs (amplius sexies millies). Sexies millies = 126,000,000 fr.

César acheta l'amitié de Curion *sexcenties sestertium* = 12,600,000.

Il acheta l'amitié du consul Lucius Paulus, collègue de Marcellus, an de Rome 704, moyennant 1,500 talens = 8,100,000 fr.

Antoine, aux ides de mars, époque de l'assassinat de Jules César, devait *quadringenties* = 8,400,000 fr., qu'il paya avant les calendes d'avril, et il dissipa du trésor public *sestertium septies millies* = 147,000,000 fr.

Cicéron accusa d'abord Verrès d'avoir pris en Sicile *sestertium millies* = 21,000,000 fr. mais ensuite il réduisit cette concussion à *quadringenties* = 8,400,000 fr.

Apicius dissipa dans les excès de la débauche *sexcenties sestertiûm* 12,600,000 fr. Obligé ensuite d'examiner l'état de ses affaires, et voyant qu'il ne lui restait que *sestertiûm centies* = 2,100,000 fr., il prit le parti de s'empoisonner, regardant cette fortune comme insuffisante pour vivre.

Pline évalue les bijoux de la parure de Lollia Paulina, qui vivait de son temps, à *quadragies sestertiûm* = 840,000 fr.; d'autres lisent *quadringenties sestertiûm* (somme dix fois plus considérable) = 8,400,000 fr.

Jules César fit présent à Servilie, la mère de Brutus, d'une perle dont la valeur était de *sexagies sestertiûm* = 1,260,000 fr.

Cléopâtre, dans une fête qu'elle donna à Antoine, fit dissoudre dans du vinaigre et avala une perle évaluée *centies* H. S. = 2,100,000 fr.

Clodius, fils d'Esopus, comédien, en avala une qui valait *decies* H. S. = 210,000 fr.

Un seul plat d'Esopus coûta, dit-on, 100 *sestertia* = 21,000 fr.

Caligula dépensa à un seul souper *centies* H. S. = 2,100,000 fr., et Héliogabale *tricies* H. S. = 630,000 fr.

Les frais ordinaires d'un repas de Lucullus, dans la salle d'Apollon, étaient de 50,000 drachmes = 45,000 fr.

Les Romains même les plus modérés dans leurs dépenses en faisaient quelquefois d'excessives.

Cicéron avait une table de citron qui lui coûtait H. S. *decies* = 210,000 fr.

Messala acquit la maison d'Antoine pour H. S. CCCCXXXVII = 9,177,000 fr.

Domitius estimait sa maison *sexagies sestertia* = 1,260,000 fr.

On vendit le vivier de C. Hérius *quadragies* H. S. = 840,000 fr., et pour une somme égale le poisson de Lucullus.

La maison de campagne de M. Scaurus ayant été brûlée par la malice de ses esclaves, on évalua sa perte à *millies* = 21,000,000 fr.

Le palais doré de Néron doit avoir coûté des sommes immenses, puisque Othon, pour en finir seulement une partie, dépensa *quingenties* H. S. = 10,500,000 fr.

Voilà des phrases qu'il était très difficile d'expliquer avant la publication de cet ouvrage, et qui se réduisent maintenant à un mécanisme très simple.

Il s'agit de multiplier le nombre donné par 21 et d'écrire à la suite trois zéros.

Prenons pour exemple *millies*; on se rappelle que le sesterce = 21 c.

1000 $\times$ 21 = 21,000; mais l'adverbe numérique *millies* indique qu'il faut multiplier par cent mille.

21,000 $\times$ 100,000 = 2,100,000,000; mais ce dernier nombre est évidemment cent fois trop fort puisque j'ai multiplié par 21, et que je ne devais multiplier que par 21 c. J'ôte donc 2 zéros sur la droite, ce qui revient à la règle donnée; ainsi *millies* = 21,000,000.

Nous avons donné la valeur de l'*as* d'après le sentiment de ceux qui ont fait des recherches exactes. Les traducteurs et les commentateurs l'évaluent différemment.

Guérin fait la note suivante au sujet d'un passage de Tite-Live, où se trouvent ces mots *quinûm millium æris* (6 marcs 8 onces).

« S'il est question d'espèces, ces cinq mille *as* ou cinq cents deniers pouvaient valoir environ deux cent cinquante livres. »

Guérin évalue l'*as* romain à environ un sou de notre monnaie, le sesterce à deux sous et demi, et le denier à dix sous. Suivant lui, la livre tant d'or que d'argent pesait douze onces; et l'or était à l'argent comme dix est à un; c'est à dire qu'un certain poids en or valait dix fois le même poids en argent, et le marc étant de huit onces, la livre valait un marc et demi. A l'égard des monnaies grecques la drachme équivalait au denier; la mine valait cent drachmes.

MESURES DE CAPACITÉ.

L'amphore (*amphora*) est la mesure de capacité dont les Romains faisaient le plus souvent usage.

Ce mot *amphora* dérive de deux mots grecs : αμφι, φερω, *quod vas ejus mensuræ utrinque feretur, duabus ansis*; ils l'appellent aussi *quadrantal* ou *cadus*, et les Grecs *metreta* ou *heremion*. Cette mesure, qui était le pied cube romain, contenait 1,296,889 pouces cubiques (ancienne mesure française), ou 1,189,458 pouces cubiques métriques.

Le pied français contient 1,728 pouces cubes.

L'amphore contenait deux *urnæ*, trois *modii*, huit *congii*, quarante-huit *sextarii* ou setiers, et quatre-vingt-seize *heminæ* ou *cotylæ*; mais l'amphore attique, καδος, vel metreta contenait deux *urnæ* et soixante-douze *sextarii*.

L'amphore contient 25 lit. 89 centilit.

Un *sextarius*, setier, contient deux *heminæ*, quatre *quartarii*, huit *acetabula*, et douze *cyathi*. Ces divisions sont les mêmes que celles de l'as romain ; les coupes (*calices*) étaient appelées par cette raison *sextantes*, *quadrantes*, *trientes*, selon le nombre de *cyathi* qu'elles contenaient.

Un cyathus était la mesure de la liqueur qu'on pouvait avaler aisément d'un seul trait ; il contenait quatre *ligulæ, vel lingulæ*, ou *cochlearia*, cuillerées.

Le *congius* était la huitième partie de l'amphore. Il avait un demi-pied cube de capacité, ou six *sextarii*.

Le *culeus* était la plus grande mesure des liquides chez les Romains ; il contenait vingt amphores.

Le champ *cœcubus* (*ager cœcubus*) produisait sept *culei* de vin par *jugerum*, c'est à dire cinq cent soixante quatorze litres, qui valaient à la récolte trois cents *nummi*, ou soixante-quinze *denarii* chaque *culeus*.

Le boisseau (*modius*) servait de principale mesure pour les choses sèches ; il était le tiers de l'amphore ou du pied cube romain.

On semait ordinairement cinq *modii* de blé dans un *jugerum*, six d'orge et de fèves, et trois de pois.

On donnait à la mesure contenant six boisseaux le nom de *medimnus* (medimne).

Le medimne était une mesure attique.

MESURES DE LONGUEUR ET DE SURFACE.

Les Romains mesuraient la longueur en pieds, coudées, pas, stades (*stadia*) et milles.

Il est vraisemblable que les différentes parties du corps humain ont suggéré cette idée à tous les peuples.

Pes, le pied romain $=$ 10 pouces 10 lignes 3/5 du pied français ancienne mesure, $=$ 10 pouces 7 lignes 1/4 métriques.

Pes, un pied, dit Adam, égale seize doigts ou douze pouces.

Pollex, le pouce, la largeur d'un pouce.

Palmus, la largeur de la main, une palme $=$ 4 doigts ou 3 pouces.

Digitus, doigt, est la seizième partie du pied (*pes*).

Palmipes exprime la largeur du pied ou de la main.

Cubitus, une coudée, longueur du coude depuis son point d'inflexion jusqu'à l'extrémité du doigt du milieu, $=$ 1 pied 1/2, la quatrième partie de la stature d'un homme bien proportionné.

Passus, un pas, 5 pieds comprenant la distance entre le point où le pied se lève et celui où il se pose, c'est à dire la double distance qui se trouve entre le pied en avant et le pied en arrière, quand on marche, et qu'on appelle pas, *gradus vel gressus*.

Decempeda (*decem pedes*) s'appelait *pertica*, perche (*portica a portando*).

Le pied se divisait en quatre palmes *(palmi)* ou largeurs de main, en douze pouces *(pollices)* ou largeurs de pouces, et seize doigts ou largeurs de doigts.

Le doigt, *digitus*, était considéré comme égal à la largeur de quatre grains d'orge *(hordei grana)*.

On divisait aussi le pied en douze parties, comme on divisait l'as romain ainsi, *dodrans vel spithama*, neuf *pollices* ou *unciæ*.

Cubitus, coudée (on dit aussi *cubitum*), était = à 1 pied 1/2, *sesquipes*, deux *spitamæ*, à six *palmi*, à dix-huit *pollices*, à vingt-quatre *digiti*.

Passus, pas, répondait à cinq pieds.

Stadium, stade, est une longueur de cent vingt-cinq pas ou de six cent vingt-cinq pieds.

Huit mille stades, ou mille pas, ou cinq mille pieds, faisaient un mille.

Milliarium, milliare, vel *mille* passus vel passuum.

Parasanga, mot persan, est une longueur de trente stades.

Le *jugerum* (quod uno jugo boum in uno die exarari potest) contenait 28,800 pieds carrés, = 2,528 rasées, 28 mètres carrés.

Actus cadratus était la moitié du *jugerum*. Ce nom vient de l'étendue qu'une paire de bœufs peut labourer d'un travail continue sans se reposer.

Actus, in quo boves agerentur cum aratro uno impetu justo, vel pro telo, id est uno tractu vel tenore.

Le *jugerum* avait toutes les divisions de *l'as*; ainsi *uncia agri* exprime la douzième partie d'un champ.

Les mesures de longueur en usage chez les Grecs étaient le plèthre, l'orgye, la mine, etc.; elles correspondent aux jugères, pas et livres des Latins; cependant le plèthre n'était que le tiers du *jugère*.

DICTIONNAIRE

SPÉCIAL ET CLASSIQUE

DES MONNAIES,

POIDS, MESURES

ET DIVISIONS DU TEMPS.

A

Acetabulum, i, *n*. C'est le nom d'un vase dans lequel on met du vinaigre (*acetum*).

C'est une mesure de secs et de liquides qui contient la quatrième partie d'une hémine ou d'un cotyle. Son poids est de quinze drachmes attiques.

Acetabulum salis. (Pline.)

1 acetabulum = 1 1/2 cyathus.

ACHANA. *V*. Medimnus.

ACNA ou **ACNUA**, æ, *f*. Mesure comprenant cent vingt pieds.

L'actus carré est une surface dont chaque côté a cent vingt pieds de large sur cent vingt pieds de long. L'actus carré se nomme en latin *acna*.

ACTUS, us, *m*. L'actus désigne l'espace que les bœufs peuvent labourer d'une traite sans se reposer; il était de cent vingt pieds en carré, et étant doublé en longueur il faisait un *jugerum*.

« Actus in quo boves agerentur, cum aratro uno impetu justo, hic erat cxx pedum : duplicatusque in longitudinem *jugerum* faciebat. »

« In arando versum peragi, nec strigare in actu spiritus. Justum est proscindi sulco dodrantali jugerum uno die, iterari sesquijugerum, si sit facilitas soli : si minùs, proscindi semissem, iterari assem, quandò et animalium labori natura leges statuit. » (Pline.)

« En labourant ayez soin de suivre votre sillon sans intermèdes, et de l'achever ainsi tout d'une haleine, et sans faire halte en chemin. Si la terre est aisée à labourer, on peut dans un jour, en faisant des sillons de neuf pouces de profondeur, donner la première façon à tout un *jugerum*, et la seconde à un *jugerum* et demi. Mais si la terre est malaisée à labourer, pour donner la première façon à un demi-jugerum, et la seconde à un jugerum entier, il faut une journée entière; car il ne faut pas croire que la nature ait donné aux animaux des forces illimitées. »

ÆRA, æ, *f.* C'est, dit Nonius, la marque d'un nombre *(numeri nota.)*

ÆS, æris, *n.* Cuivre. On le prend souvent pour l'argent monnayé *(pecunia)*. La monnaie de cuivre fut la première introduite à Rome; ce fut Servius Tullius qui le premier lui donna une empreinte. Ce nom *(æs)* resta à toute la monnaie quand les Romains en eurent d'or et d'argent. Les Latins appelèrent même æs les nummes ou écus d'or *(nummi aurei)*.

« Ex iis qui centum millium æris aut majorem censum haberent LXXX confecit centurias, quadragenas seniorum ac juniorum. » (TITE-LIVE.)

« Tous ceux qui avaient cent mille as de revenu et au-delà formèrent quatre-vingts centuries, la moitié de jeunes gens, l'autre d'hommes plus âgés. »

Ce mot *centuria* ne se prend pas ici dans sa signification propre, car le nombre des citoyens compris dans une centurie pouvait être au-dessus et au-dessous de cent.

On doit entendre ici par *seniores* ceux qui avaient au moins quarante-six ans, et par *juniores* ceux qui avaient au moins dix-sept ans, et au plus quarante-cinq.

L'*as* romain, considéré dans son principe, peut être évalué à huit centimes. Il n'en valut ensuite que cinq. Il subit encore d'autres variations à différentes époques.

« Gravis ære domum mihi dextra redibat. »
(VIRG.)

« Je revenais au logis les mains pleines d'argent. »

« Hic meret æra liber Sosiis. »
(HOR.)

« Ce livre procure de l'argent aux Sosies. »
Æra signifie *pretium*.

Servius Tullius fit fabriquer des pièces rondes de même poids et de même valeur; on les nommait *as libralis* et *libella* (V. As, LIBRA, LIBELLA) à cause qu'elles pesaient une livre. On y ajouta aussi des lettres pour marquer leur poids et leur valeur, qui n'étaient qu'à proportion de ce qu'elles pesaient. « Asses signati sunt libræ pondo. »

Quand les Romains comptaient par *as* ils sous-entendaient souvent ce mot en mettant seulement le nombre. Ainsi quand ils disaient, Une telle chose a été vendue *decem, viginti, centum asses,* c'est comme s'ils eussent dit : *dix as, vingt as, cent as*. Quand ils exprimaient l'*as* après le nombre ils ne se servaient pas du pluriel de ce mot, mais du second cas (du génitif) de *æs*. Ainsi ils ne disaient pas *centum asses*, mais *centum æris*, pour exprimer cent livres de cuivre ou d'airain, parce que la monnaie était de ce métal, et que dans l'origine l'*as* pesait une livre.

« Amphora vigessis, modius datur ære quaterno. »   (MART.)

« L'amphore de vin vaut vingt as; on donne la mesure de blé pour quatre. »

On donnait le nom *æra* (pluriel de *æs*) à certaines pièces, à certaines marques qui marquaient de grosses sommes.

ÆS *grave*. « Æris gravis transvecta vicies centona et ad triginta tria millia. » (TITE-LIVE.)

« Deux millions six cent soixante mille livres de cuivre en lingots *(gravis)* étaient portées sur des chariots. »

« Centum millia gravis æris. » (TITE-LIVE.)
Les cent mille pièces en lingots équivalent à cent cinquante-six marcs et douze onces d'argent.

« Utinam, inquit illius Cæci Appii filia, reviviscat frater, aliamque classem in Siciliam ducat, atque istam multitudinem perditum eat quæ me malè nunc miseram convexavit. Ob hæc mulieris verba tam improba ac tam incivilia, C. Fundanus et Tib. Sempronius, ædiles plebeii, multam dixerunt ei æris gravis viginti quinque millia. »

« Je voudrais, dit la fille d'Appius Cæcus, que mon frère ressuscitât pour mener une autre flotte en Sicile, et abîmer cette multitude qui m'a tourmentée. Les édiles C. Fundanus et Tib. Sempronius la condamnèrent à une amende de *vingt-cinq mille écus* pour avoir parlé si méchamment et d'une manière si indécente. »

ÆS *rude*. Cuivre brut.

ÆS *signatum*. Cuivre marqué d'une empreinte. Ce mot est opposé à *rude*.

AMPHORA, æ, f. Amphore, vase propre à contenir le vin, l'huile, les fruits et d'autres substances. Ce mot *amphore* dérive de deux mots grecs, ἀμφί (*utrinque*, de l'un et de l'autre côté) et de φέρω (*fero*, je porte). En effet ce vase avait une anse de chaque côté; souvent même il avait plus de deux anses. Caton parle d'amphores qui avaient des anses inférieures, d'où l'on peut conjecturer que ces amphores avaient des anses supérieures.

Comme il y a encore beaucoup d'incertitude sur la capacité des amphores, il n'est pas étonnant que les savans en aient parlé diversement.

Selon Paucton l'amphore grecque égalait dix-sept pintes et demie françaises.

Suivant quelques-uns l'amphore romaine contenait quatre-vingts livres pesant d'eau suivant d'autres vingt-quatre de nos pintes.

« Cato et medicamenta quædam componit, mensuræ quoque distinctione ad majorum arborum radices amphoram, ad minorum urnam amurcæ, et aquæ portionem æquam. »
(PLINE.)

« Caton recommande certaines compositions de remèdes, et il marque la quantité qu'on en doit employer; il veut qu'on répande peu à peu une amphore de lie d'huile sur les racines des grands arbres, et une urne de la même lie sur les racines des petits, avec une égale quantité d'eau. »

« Quid? non et Cæsar dictator triumphi sui cœnâ vini falerni amphoras, Chii cados in convivia distribuit? » (PLINE.)

« Que dirons-nous du dictateur César, qui dans le festin qu'il donna pour son triomphe distribua à chaque troupe de conviés des amphores entières de vin de Falerne et des pièces entières de vin de Chio? »

« Ostendêre Lucullo caput (polypi) dolii magnitudine, amphorarum quindecim capax. »

« On montra à Lucullus la tête d'un polype; elle était de la grosseur d'un tonneau, et pouvait tenir quinze amphores. »

Les Romains gardaient dans le Capitole des mesures et des poids; et toutes les fois que les circonstances l'exigeaient on en faisait usage pour vérifier la justesse des autres mesures. De là ces mots *amphora capitolina*, amphore du Capitole, pour exprimer l'exactitude d'un poids ou d'une mesure. Elle valait 25 litres 89 centil.

On dit *amphorûm* pour *amphorarum*.

ARGENTUM, i, n. Argent. Après l'or, l'argent est regardé comme le plus précieux de tous les métaux.

« Vilius argentum est auro, virtutibus aurum. »
(HOR.)

« L'or est plus précieux que l'argent; mais la vertu est plus précieuse que l'or. »

Les Latins emploient très souvent ce mot pour désigner une valeur quelconque.

« P. Cornelius triumphavit de Boiis. Aureos torques transtulit mille quadringentos septuaginta; ad hæc auri pondo ducenta quadraginta quinque, argenti infecti factique in gallicis vasis non infabrè suo more factis duo millia trecenta quadraginta pondo, bigatorum nummorum ducenta triginta tria: militibus qui currum secuti sunt trecenos vicenos quinos asses divisit. » (TITE-LIVE.)

« Le consul P. Cornélius triompha des Boiens; on compta dans la pompe triomphale quatorze cent soixante et dix colliers d'or; deux mille trois cent quarante livres d'argent, tant en barre qu'en vases travaillés assez artistement pour des Gaulois, et deux cent trente mille pièces d'argent au coin de la république. Le consul fit donner à chacun des soldats qui marchaient à sa suite trois cent vingt-cinq as. »

Auri pondo ducenta quadraginta quinque,

trois cent quatre-vingt-deux de nos marcs et six onces et demie.

Argenti... duo millia trecenta quadraginta pondo; trois mille six cent cinquante-six marcs et deux onces.

Bigatorum nummorum. On peut s'étonner que ces espèces, ayant été prises sur les Gaulois, fussent marquées au coin de la république. On peut supposer qu'ils en devaient une partie aux échanges, partie aux pillages qu'ils ne cessaient d'exercer sur le territoire des Romains ou de leurs alliés. (GUÉRIN.)

Ducenta triginta tria, sous-entendu *millies*; trois mille six cent quarante marcs d'argent et cinq onces. (CRÉVIER.)

Trecenos vicenos quinos asses. Si l'as valait un de nos sous, ce serait seize livres cinq sous. Quelques-uns font cette somme bien moindre en mettant l'as au-dessous de douze de nos deniers. (GUÉRIN.)

« Romam est profectus (Helvius) et ob rem feliciter gestam ovans urbem est ingressus. Argenti infecti tulit in ærarium quatuor decim millia pondo septingenta triginta duo; et signati bigatorum septem decem millia viginti tria; et oscensis argenti viginti millia quadringenta triginta octo. » (TITE-LIVE.)

« Helvius se mit en route pour Rome, où il obtint l'ovation en récompense de ses succès; il fit entrer dans le trésor public quatorze mille sept cent trente-deux livres d'argent en barre; dix-sept mille vingt-trois pièces d'argent monnayé, portant pour empreinte un char attelé de deux chevaux; et en argent des mines d'Osca vingt mille quatre cent trente-huit livres. »

Argenti.... quatuor decim millia pondo septingenta triginta duo. Plus de vingt-trois mille livres, ou plutôt, suivant Leclerc, cinquante-trois mille trois cent cinquante-deux livres. (GUÉRIN.)

Signati bigatorum septem decem millia viginti tria, environ huit mille cinq cent douze livres. La médiocrité de cette somme fait soupçonner qu'il peut y avoir de l'erreur en ce passage.

Oscensis argenti, etc.; trente mille six cent cinquante-sept marcs. Osca, ville d'Espagne, aujourd'hui Huesca, dans le territoire de laquelle il paraît qu'il y avait des mines d'argent.

« Aurum, argentum, æs signatum omne, senatores, crastino die in publicum conferamus; ita ut annulos sibi quisque et conjugi et liberis, et filio bullam, et quibus uxor filiæve sunt, singulas uncias pondo auri relinquant; argenti, qui curuli sella sederunt, equi ornamenta, et libras pondo, ut salinum patellamque deorum causâ habere possint: cæteri senatores libram argenti tantùm, signati quina millia in singulos patres familiæ relinquamus. »
(TITE-LIVE.)

« Sénateurs, portons dès demain, dit le consul (Lævinus), dans le trésor public notre or, notre argent, notre monnaie de cuivre, sans autre réserve que celle de nos anneaux, pour nous, nos femmes, nos enfans, d'une bulle d'or pour nos fils, et d'une once d'or pour ceux d'entre nous qui ont une femme ou des filles; ceux qui ont passé par les magistratures curules garderont les harnois de leurs chevaux et l'argent nécessaire pour se procurer la salière et la coupe consacrée aux usages religieux; les autres sénateurs ne conserveront qu'une livre d'argent, et chaque père de famille cinq mille *as* de cuivre monnayé. »

Argentum pustulatum; l'argent le plus fin, *vel purum, putum*;

« Nulla venit à me
Argenti tibi libra pustulati. »
(MART.)

« Tu n'as point reçu de moi une livre d'argent fin. »

Argentum infectum vel rude; argent en lingot non frappé et non travaillé: *factum*, vaisselle; *signatum*, argent monnayé.

« In ærarium tulit (Furius) trecenta viginti millia æris, argenti centum septuaginta millia pondo. »

« Furius porta dans le trésor public trois cent vingt mille livres pesant de cuivre, et cent soixante-dix mille d'argent. »

Trecenta viginti millia æris, argenti centum septuaginta millia pondo. Guérin évalue ces deux sommes à six millions trois cent vingt-huit mille livres.

« Privatus urbem ingrediens (L. Manlius Acidinus) mille ducenta pondo argenti; triginta pondo fermè auri in ærarium tulit.

Mille ducenta pondo argenti; dix-huit cents marcs; *triginta pondo fermè auri*; quarante-cinq marcs (Guérin).

« M. Fulvius Nobilior ovans urbem est ingressus, argenti bigati præ se tulit centum et triginta millia; et extra numeratum duodecim millia pondo argenti; auri pondo centum viginti septem. » (Tite-Live.)

« Marcus Fulvius Nobilior rentra dans Rome avec les honneurs de l'ovation, et fit porter dans son triomphe cent trente mille deniers d'argent au coin de la république, et, outre cette somme, en espèces monnayées douze mille livres d'argent pesant et cent vingt-sept d'or en barre. »

Argenti bigati præ se tulit centum et triginta millia. Ces espèces valaient dix sous, suivant l'évaluation de Guérin, en sorte que le tout montait à la somme d'environ soixante-cinq mille francs. L'empreinte de ces pièces était un char à deux chevaux.

Duodecim millia pondo argenti; environ quatre cent trente-deux mille livres, à raison de vingt-quatre livres le marc. (Guérin.)

« Ut quisque factus est princeps, extemplò fama ejus, incertum bona an mala, cæterùm æterna est. Non ergo perpetua principi fama, quæ invitum manet, sed bona concupiscenda est. Ea porrò non imaginibus et statuis, sed virtute ac meritis prorogatur. Quin etiam leviora hæc formam principis figuramque, non aurum meliùs vel argentum quàm favor, hominum exprimat teneatque; quod quidem prolixè tibi, cumulateque contingit, cujus lætissima facies et amabilis vultus in omnium civium ore, oculis, animo, sedet. » (Pline le J.)

« Le prince ne doit pas désirer que la renommée parle éternellement de lui; mais il doit souhaiter qu'elle ne cesse jamais d'en parler bien. C'est ce que le mérite et la vertu donnent seuls, et ce qu'on ne peut se promettre des images et des statues; il ne faut pas même croire que la figure du prince se grave et se conserve mieux sur l'or et sur l'argent que dans le cœur des hommes. Si nous avions été dans cette erreur, vous nous en auriez désabusés, vous (Trajan) dont l'air noble, les traits pleins de douceur, le port majestueux, se représentent toujours à nous aussi vivement que lorsque vous êtes présent à nos yeux. »

« Villarumne infinita spatia, familiarum numerum et nationes? argenti et auri pondus? æris tabularum miracula? Promiscuas viris et feminis vestes? Atque illa feminarum propria, quîs, lapidum causâ pecuniæ nostræ ad externas aut hostilis gentes transferuntur. » (Tacit.)

« Parlerai-je de ces maisons de campagne qui couvrent des espaces immenses? de ce grand nombre, de ces troupes d'esclaves? de ces tables de bronze, où l'art étale tous ses prodiges? Parlerai-je de ces vêtemens communs aux hommes et aux femmes? Parlerai-je de ces bijoux précieux que recherchent surtout les femmes, qui, sous prétexte d'avoir des pierreries, font transporter tous nos trésors chez des nations étrangères ou ennemies? »

« Inopia rei nummariæ, commoto simul omnium ære alieno, et quia tot damnatis, bonisque eorum divenditis, signatum argentum fisco vel ærario attinebatur. » (Tacite.)

« La disette du numéraire, l'exigence des dettes, la vente des biens de tant de condamnés, étaient cause que l'on retenait l'argent monnayé dans le fisc ou dans le trésor public. »

Comme l'empreinte de la première monnaie était un animal, *pecunia* exprime l'argent monnayé.

« Et genus et formam regina pecunia donat. »
(Hor.)

« L'argent, dieu du monde, donne la noblesse et la beauté. »

« Sollicitæ tu causa, pecunia, vitæ es;
Per te immaturum mortis adimus iter:
Tu vitiis hominum crudelia pabula præbes;
Semina curarum de capite orta tuo. »
(Prop.)

« C'est toi, argent maudit, qui rends notre vie inquiète; tu es cause que nous nous précipitons dans une mort prématurée; tu fourris des alimens cruels aux vices des hommes; c'est de ton sein qu'est née une foule innombrable de soucis.

Pecuniosus, riche en argent.

« Licet superbus ambules pecuniâ. »
(Hor.)

« Quoique tu sois orgueilleux de posséder une grande quantité d'argent. »

AS, *Assis*, m.

Les Romains avaient pour poids ordinaire la livre (*as* ou *libra*) divisée en douze parties ou onces (*unciæ*), de cette manière : *uncia*, une once, ou 1/12 as; *sextans*, deux onces, 2/12; *quadrans*, 3, ou 3/12, ou 1/4; *triens*, 4, 4/12, ou 1/3; *quincunx*, 5, ou 5/12; *semis*, 6, ou 6/12; *septunx*, 7, ou 7/12; *bes* ou *bessis*, 8, ou 8/12, ou 2/3; *dodrans*, 9 ou 9/12, ou 3/4; *dextans* ou *decunx*, 10, ou 10/12, ou 5/6; *deunx*, 11 onces, ou 11/12 d'un as. Ainsi *sextans* exprime la sixième partie de l'as; *quadrans* le quart. Le quadrans se nomme aussi *teruncius* (tres unciæ), trois onces; *quincunx* (quinque unciæ), cinq onces; *semissis* ou *sexunx* est la moitié de l'as; semi as, c'est-à-dire six onces; un semissis $=$ 12/6 $=$ 2; bes ou bessis (huit onces), huit douzièmes $=$ 2/3; parce qu'il manque un triens (*deest triens*) pour compléter l'as.

Dodrans contient neuf onces; il est ainsi nommé parce qu'on ôte un quadrans de l'as; ainsi il manque au dodrans trois onces pour compléter 12 onces, c'est-à-dire l'as; 1 dodrans $=$ 9 onces.

Dextans est ainsi nommé (de *dempto sextante*) parce que deux onces manquent pour faire douze ; 1 dextans $=$ 12 — 2 $=$ 10 onces.

Deunx a pris son nom de *dempta uncia*. 1 deunx $=$ 12 — 1 $=$ 11.

L'once se divisait de la manière suivante: *semuncia* $=$ 1/2, la moitié d'une once, ou un vingt-quatrième d'as, 1/24 d'as; *duella* 1/3; *sicilicus vel sicilichum* $=$ $=$ 1/4; *sextula* 1/6; *drachma* 1/8; *hemisescla*, id est semi sextula, 1/12; *tremissis* *scrupulus*, *scriptulum*, vel *scripulum* 1/24 d'once ou 1/288 d'as.

On appliquait le mot *as* à tout objet divisé en douze parties, comme un héritage, les mesures de liquides, les intérêts de l'argent; c'est de là probablement que nous employons le mot *as* pour exprimer une unité.

La livre romaine a reçu diverses évaluations; d'après des recherches exactes, son poids $=$ 6160 grains, ou 10 onces 5 gros 40 grains, $=$ 327,18 grammes.

La première monnaie de cuivre (*nummus*, vel *numus æris*, à Numa rege, vel à νόμος) fut appelée *as*, primitivement *assis* (de *as*); elle était du poids d'une livre.

La fortune la plus considérable, *census maximus*, sous Servius, fut évaluée 100,000 livres de cuivre (*centum millia æris, scilicet assium vel librarum*). (Tite-Live, I, 43.)

Cent mille livres de cuivre étant la même chose que cent mille as, si nous supposons, comme l'ont fait plusieurs, l'as égal au sou français, nous trouvons que ces cent mille livres de cuivre sont équivalentes à cinq mille livres de France.

Mais, suivant d'autres, ces cent mille livres de cuivre valent 5,250 francs.

En effet on se rappelle que le sesterce vaut quatre as ou 21 centimes; ainsi, 4 as $=$ 21 cent., donc 1 as $=$ 21/4; je multiplie 100,000 par 21; le produit est 2,100,000; comme je ne dois multiplier que par des centièmes, ce produit devient 21,000; je divise ce produit par 4 : le quotient est 5,250 francs. Ces mots *centum æris* expriment cent *as* (cent livres de cuivre.)

Decies æris est la même chose que *decies centena æris*, c'est à dire que *decies æris* signifie un million d'as.

Les Latins exprimaient donc les cents et les mille sans les compter.

« Si dederint superi decies mihi millia centum,
Dicebat nondum Scævola factus eques,
Qualiter ô vivam! quam largè, quamque beatè!
Riserunt faciles et tribuere dei;
Sed vexatam bibitur fæx crassa rubelli :
Assæ cicer tepidum constat et assa coma;
In jus, ô fallax atque inficiator, eamus.

Aut vive, aut decies, Scævola, redde deis. »
(Mart.)

« Scévola, tu ne possédais pas encore tout entière la fortune indispensable pour monter au rang de chevalier, et tu disais : Si les dieux me donnaient un million de sesterces, comme je vivrais! que je serais magnifique! de quel bonheur je jouirais! Les dieux complaisans sourirent, et tu les vis accéder à tes vœux. Cependant tu ne bois que la lie épaisse du vin clairet de Veïes; un plat de pois chiches te coûte un as, et tu n'en dépenses pas plus pour ta coiffure. Comparais au tribunal, fourbe, affronteur ; marchons : ou vis comme tu le dois, Scévola, ou rends aux dieux ton million. »

E. T. Simon, traducteur de Martial, dit que la somme nécessaire pour être chevalier romain (*census equestris*) était quatre cent mille sesterces, équivalant à cinquante mille francs de notre monnaie.

Pour avoir cinquante mille francs il faut supposer 1,000,000 d'as ou sous français. En effet, 1,000,000 de sous français = 50,000 fr.

Comme *l'as* joue un rôle très important dans les monnaies romaines, et qu'il est une source de contestations parmi les savans, nous croyons devoir citer quelques passages de Pline à ce sujet.

« *Populus romanus ne argento quidem signato ante Pyrrhum regem devictum usus est.* »

« *Libra tùm (undè etiam nunc libella dicitur et dupondius) appendebantur asses; quare æris gravis pœna dicta, et adhuc expensa in rationibus dicuntur, item impendia, et dependere; quin et militum stipendia, hoc est stipis pondera, dispensatores, libripendes dicuntur : quâ consuetudine in his emptionibus quæ mancipii sunt, etiam nunc libra interponitur.* » (Pline.)

« Le peuple romain ne fit pas même marquer de monnaie en argent avant la défaite du roi Pyrrhus. L'as de cuivre était exactement d'une livre pesant, ou le double as de deux livres pesant; de là l'expression de *libella* nous est restée; nous nous en servons pour exprimer toute somme entière et sans déchet. De là aussi l'amende *en cuivre de poids*, à laquelle on condamnait autrefois. De cette *appension* aux balances, qui était une formalité de règle dans tous les paiemens, nous sont aussi restées les expressions *dépens*, *dépenses*, et *dépenser*, usitées de nos jours dans les actes de compte; comme aussi les expressions de troupes *stipendiées*, de *dispensateurs* et de *livre-peseurs*. C'est par un reste de cet usage qu'encore aujourd'hui, dans l'achat d'un esclave, la balance et la livre réelles sont des circonstances requises.

« *Servius rex primus signavit æs; anteà rudi usos Romæ Timæus tradit. Signatum est notâ pecudum deindè et pecunia appellata. Maximus census CX M assium fuit illo rege; et ideò hæc prima classis. Argentum signatum est anno urbis CDLXXXV, A. Ogulnio, C. Fabio Coss., quinque annis ante primum bellum punicum, et placuit denarium pro decem libris æris, quinarium pro quinque, sestertium pro dupondio ac semisse. Libralis autem pondus æris imminutum bello punico, cùm impensis respublica non sufficeret; constitutumque ut asses sextantario pondere ferirentur. Ita quinque partes factæ lucri, dissolutumque æs alienum. Nota æris fuit ex alterâ parte Janus geminus, ex alterâ rostrum navis, in triente verò et quadrante rates. Quadrans anteà teruncius vocatus à tribus unciis. Posteà Annibale urgente Marcum, à Fabio Maximo dictatore asses unciales facti : placuitque denarium sexdecim assibus permutari; quinarium octonis, sestertium quaternis. Ita respublica dimidium lucrata est. In militari tamen stipendio semper denarius pro decem assibus datus. Nota argenti fuêre bigæ atque quadrigæ; et indè bigati quadrigatique dicti. Mox lege Papiriâ semunciales asses facti.*

« *Livius Drusus in tribunatu plebis octavam partem æris argento miscuit. Qui nunc victoriatus appellatur lege Clodiâ percussus est. Anteà enim hic nummus ex Illyrico advectus mercis loco habebatur. Est autem signatus victoriâ, et indè nomen. Aureus nummus post annum LXII percussus est quàm argenteus, ita ut scrupulum valeret sestertiis vicenis : quod effecit in libras ratione sestertiorum qui tum erant sestertios DCCCC. Post hæc placuit XLI signari ex auri libris : paulatimque* principes imminuêre pondus : minutissimê Nero ad XLV. » (PLINE.)

« Le roi Servius mit le premier une marque aux pièces de cuivre. Avant lui ces pièces n'en offraient aucune, selon Timée. La marque apposée par Servius fut celle d'un *pecus*, c'est à dire d'un bétail ; d'où la monnaie prit le nom de *pécune*. La plus grande masse des richesses pécuniaires d'un particulier sous ce prince, à en juger par le cens, fut de cent dix mille as. Ceux qui avaient cette somme en revenu composèrent la première classe. On marqua la monnaie d'argent l'an de Rome 485, sous le consulat de A. Fabricius, cinq ans avant la première guerre punique. Le denier d'argent passa alors pour représenter dix livres de cuivre ; le quinaire d'argent pour cinq livres de cuivre, et le sesterce d'argent pour deux livres et demie de cuivre. Ce fut pendant la première guerre punique qu'on commença à diminuer le poids réel de la livre de cuivre, la république ne pouvant plus suffire à ses dépenses, ce qui donna lieu à un règlement qui réduisit l'*as* au poids de deux onces, par où la république fit un gain de deux onces, et l'état liquida ainsi ses dettes. La marque de ces nouveaux *as* fut, d'une part, un double Janus, et de l'autre une proue de navire ; et pour distinguer l'as *triental* et l'as *quadrantal*, c'est à dire les sections d'as de l'as entier, au lieu d'une proue de navire on mit un radeau sur le *triens* et sur le *quadrans*. Auparavant le *quadrans* se nommait *teruncius*, comme étant composé de trois onces ; ensuite, durant les guerres urgentes d'Annibal, on fit les as d'une seule once, sous le dictateur F. Maximus ; et il fut réglé que le denier d'argent vaudrait seize *as* ; le quinaire huit as, et le sesterce, quatre. La république gagna ainsi moitié sur l'espèce ; mais dans la paie des troupes le denier fut toujours donné pour dix as. La marque de l'argent monnayé fut un char à deux chevaux, et un char à quatre chevaux, ce qui fit nommer ces sortes de pièces des *bigats* et des *quadrigats*. Ensuite, en vertu de la loi Papiria, on fit des as d'une demi-once. Livius Drusus, étant tribun du peuple, mit dans la monnaie d'argent un huitième d'alliage de cuivre. Ce que nous nommons maintenant un victoriat fut frappé en vertu de la loi Clodia. Les premiers victoriats vinrent d'Illyrie ; leur nom vient de leur empreinte, qui représente une victoire. On ne frappa de monnaie d'or que soixante-deux ans après la première monnaie d'argent. Chaque scrupule d'or était évalué vingt sersterces ; ainsi la livre d'or valait neuf cents sesterces. Depuis il fut réglé qu'on frapperait des deniers d'or à raison de quarante deniers d'or par livre de cette matière. Insensiblement les princes diminuèrent le poids de ces deniers. Leur plus grande diminution de poids fut sous l'empire de Néron. »

M. le comte Garnier établit que dans cette phrase, *et placuit denarium pro decem*, etc., il manque un verbe, qu'on ne sait comment suppléer, au lieu qu'en la transposant après *ferirentur* on sous-entend *feriri*.

« D'abord, dit M. Letronne, en suivant le motif de cette correction, on ne voit pas pourquoi, si l'on croit pouvoir rappeler le verbe *feriri* après *ferirentur*, on ne pourrait pas, sans rien déplacer, sous-entendre *signari*, puisqu'il y a *signatum* dans la phrase précédente. Mais nous doutons que *denarium signari pro*, ou *feriri pro decem libris* soit une locution latine ; il nous paraît qu'il faut en ce sens *dari*, *permutari*, ou un mot équivalent : le P. Hardouin et après lui Eckel avaient déjà remarqué que *permutari* est probablement sous-entendu après *placuit* ; ils s'étaient guidés à la fois sur le sens, et sur cette phrase parallèle du même auteur, « et placuit denarium « sexdecim assibus permutari, quinarium octo- « nis, sestertium quaternis. » Mais comme cette ellipse me paraissait un peu forcée, j'ai compulsé pour ce passage tous les manuscrits de Pline que renferme la Bibliothèque du Roi ; et j'ai trouvé dans un manuscrit du quatorzième siècle la phrase entière ainsi conçue : « Et placuit denarium *permutari* pro decem libris æris ; » ainsi tous les nuages sont dissipés. »

« Ædiles curules tritici decies centum millia binis æris populo diviserunt, scilicet binis assibus æris. »

Les édiles curules distribuèrent au peuple un million de boisseaux de blé, à deux as par tête.

Tritici decies centum millia. Le boisseau romain était un peu moindre que le nôtre; et ces deux sous ne faisaient que dix-huit deniers de notre monnaie, c'est à dire un sous et demi. (*Note de Guérin.*)

Mais il suffit à l'élève qui aurait à traduire cette phrase de mettre *binis æris* deux as ou deux sous.

« *Centum millium mulcta irrogata erat.* »
(Tite-Live.)

« L'amende avait été portée à cent mille as; environ cinq mille livres de notre monnaie. »
(Guérin.)

En supposant le denier = 84 cent., cette dernière amende équivaudrait à 5,250 fr.

Dans ce cas le calcul est très simple : Comme il faut avoir égard aux centimes, au lieu d'écrire 100,000, je n'écris que 1,000 fr.; je multiplie ce nombre par vingt-un; 1,000 $\times$ 21 = 21,000; je divise 21,000 par 4; le quotient = 5,250.

« *Egregia duorum opera servorum indicum et unius liberi fuit. Ei centum millia gravis æris dari patres jusserunt; servis vicena quina millia æris et libertatem; pretium eorum ex ærario solutum est dominis.* » (Tite-Live.)

« Ce service important fut l'ouvrage de deux esclaves et d'un homme libre. Ce dernier reçut par ordre du sénat une gratification de cent mille as, et chacun vingt-cinq mille avec la liberté; leurs maîtres furent remboursés aux frais du trésor public. »

Dans l'exemple précédent on a vu quelle était la valeur de cent mille as; il est facile de conclure la valeur de vingt-cinq mille.

« *Locus inde lautiaque legatis præberi jussa et muneris ergo in singulos dari ne minùs dena millia æris.* »

« Ensuite on ordonna que les députés fussent nourris et logés aux frais de l'état, et qu'on fît présent à chacun d'eux de dix mille livres d'airain. » *Dena millia æris,* cinq cents francs, suivant l'estimation de Rollin. Cette note est du traducteur de Tite-Live. Il est facile de voir que Rollin a donné à l'as la valeur du sou français; il a donc supposé 10,000 as = 10,000 sous; or, pour savoir combien 10,000 sous valent de livres, il ne s'agit que d'ôter un o sur la droite, et prendre la moitié du nombre 1,000 qui reste; la moitié de 1,000 = 500.

En effet, 500 livres = 10,000/20 sous (je divise par vingt, parce qu'il faut vingt sous pour faire une livre) = 1,000/2.

Suivant nous, l'as valant 21/4 c., 10,000 as = 525 fr.

AUREOLUS, 1, *m.*, diminutif d'*aureus;* rac. *aurum.* Petite pièce d'or.

« *Aut centum aureolos, sic velut æra roget.* »
(Mart.)

« Elle prendrait cent pièces d'or comme cent pièces de cuivre. »

« *Aureolos à te cur, accipit, Æschyle, denos.* »
(Mart.)

« Pourquoi reçoit-il de toi, ô Æschylus, cent pièces d'or? »

AUREUS, 1, *m.* Pièce d'or.

Un numismatiste dit qu'on frappa à Rome durant la seconde guerre punique des pièces d'or qui furent appelées *aureus* ou *aureus nummus,* monnaie égale en poids à deux deniers (*denarii*) et à un *quinarius,* et en valeur à vingt-cinq deniers ou à cent sesterces (*sestertii*).

La proportion ordinaire de l'or à l'argent, sous la république, fut de dix à un. « *Ut pro argenteis decem aureus unus valeret.* » (Tite-Live.)

Mais les conquêtes de Jules César répandirent dans Rome une telle quantité d'or que ce rapport diminua, et on échangea 3,000 sesterces, ou 750 deniers, pour une livre, c'est à dire que la livre d'or ne valait plus que sept livres et demie d'argent. (Suet.)

L'*aureus* dans les derniers temps fut appelé *solidus;* mais alors il était bien inférieur aux pièces d'or frappées sous la république et sous le gouvernement des empereurs, et par rapport au titre et par rapport au poids.

Dans l'origine l'*aureus* était la quarantième partie d'une livre d'or, et avait à peu près les mêmes empreintes que la monnaie d'argent; mais sous les derniers empereurs on y mit de l'alliage, qui diminua sa valeur intrinsèque. On fabriqua successivement de ces pièces, dont la quantité d'or allait en décroissant. Sous Néron on en fabriquait quarante-cinq avec une livre d'or, et sous Constantin soixante-douze.

Les empereurs faisaient ordinairement mettre sur les monnaies l'empreinte de leur figure; Jules César en introduisit l'usage d'après un décret du sénat qui lui accorda cette distinction. Outre les monnaies ordinaires on frappait encore diverses pièces pour perpétuer le souvenir des événemens remarquables, et on les appelait *médailles*; ces médailles entraient dans la circulation de la monnaie.

Lorsque les Romains, dit M. Letronne, changèrent la taille de leurs monnaies d'or en cessant de prendre le scrupule pour élément du poids de ces monnaies, ils frappèrent une pièce appelée *aureus nummus*, ou *aureus denarius*, dont la valeur, rapportée à l'argent, fut uniformément de vingt-cinq deniers. Comme cette valeur relative est constamment la même depuis le moment où l'on voit paraître l'*aureus*, il est certain que l'*aureus* doit avoir été d'un poids déterminé et assez constant; autrement il faudrait admettre une fluctuation continuelle dans la proportion des métaux entre eux, ce qui serait peu vraisemblable. Or la difficulté consiste précisément en ceci, que la valeur de compte de l'*aureus* est toujours la même, et que cependant il y a d'énormes différences entre le poids de toutes les monnaies d'or.

Avant de passer à l'explication il faut examiner un passage important de Pline. Après avoir dit que les Romains avaient pris le scrupule pour élément, Pline ajoute : « Post hæc placuit x, xl, signari ex auri libris : paulatimque pondus imminuëre principes ; minutissimè verò ad xlv, » c'est-à-dire « ensuite on jugea à propos de tailler quarante deniers à la livre d'or; les princes diminuèrent peu à peu le poids (de ces deniers), mais non pas au-delà de la quarante-cinquième partie (de la livre). » Les deniers d'or ou *aurei* doivent donc être renfermés entre la quarantième et la quarante-cinquième partie de la livre, c'est à dire entre 154 et 1,368 grains; et c'est précisément le poids des monnaies d'or frappées depuis la mort de Pompée jusqu'à Vespasien, sous le règne duquel Pline a dû rédiger son livre. Peut-on rien trouver de plus positif ?

Le texte de Pline distingue clairement deux époques pour la monnaie d'or; la première, pendant laquelle cette monnaie fut rapportée au scrupule; la seconde, où le denier d'or fut rapporté à la livre, de même que le denier d'argent. Pline n'indique pas la date de ce changement; il se contente de dire « : Post hæc placuit x, xl, signari ex auri libris. » C'est aux monumens eux-mêmes à nous l'apprendre. En examinant avec soin sous le rapport du poids les monnaies d'or antérieures à Auguste qui se trouvent au cabinet du roi, la première observation que j'ai faite c'est qu'elles se présentent avec deux caractères bien distincts ; les unes sont très-différentes de poids; les autres ont un poids uniforme.

Cette observation était trop remarquable pour que je ne m'attachasse pas à rechercher si les premières ne seraient pas rapportées au scrupule, tandis que les secondes le seraient à la livre romaine. L'expérience ne me laissa aucun doute à cet égard, et je fus dès lors autorisé à conclure que les unes devaient former la première époque, les autres la seconde... Toutes les médailles bien conservées de Jules César, de Cassius, de Brutus, de Lépidus, d'Antoine et d'Octave, postérieures à l'intervalle de temps compris entre 700 et 705 de Rome, sont de 153 à 154 grains, ou de la moitié. On n'en trouve pas une *seule* ni au-dessus ni au-dessous.

Voici donc la date qui sépare la fabrication des monnaies rapportées au scrupule de celle des monnaies rapportées à la livre, et conséquemment la date du *post hæc placuit*, etc., de Pline.

L'*aureus* ne saurait être d'une époque plus ancienne que celle qui vient d'être fixée. Il est en effet de toute évidence que les Romains ne purent adopter un rapport constant entre leur *aureus* et leur denier que quand la taille de la monnaie d'or eut été définitivement arrêtée, c'est à dire lorsqu'ils furent convenus de tailler la livre d'or en quarante pièces;

c'est alors que la valeur de l'*aureus*, ou de la quarantième partie de la livre d'or, fut établie à 25 deniers : or il est également fort remarquable que l'antiquité latine ne fournisse pas *un seul* compte en *aurei* antérieurement à l'an 705, puisqu'on n'en trouve d'exemple que dans Martial, Suétone, Lucien, etc. La proportion de l'or à l'argent est à peu près comme 12 est à 1.

On ne peut douter que cette proportion entre l'or et l'argent monnayé ne fût la même que celle du commerce. La preuve en est dans un passage de Tite-Live, qui a écrit son histoire entre les années 720 et 730 de Rome, c'est à dire vingt ou vingt-cinq ans après la création de l'*aureus*. Cet historien évalue 6,000 livres pesant d'or à 24,000,000 de sesterces, et 1,000 livres à 400,000 sesterces, conséquemment une livre d'or à 400 sesterces ou à 1,000 deniers.

Il s'agit ici, comme on voit, du rapport de l'argent monnayé à l'or en lingots. S'il est vrai que le denier soit de 84 à la livre, il faut diviser 1,000 par 84 pour avoir la quantité de livres d'argent qui répond à une livre d'or. On trouve que 1,000 divisé par 84 (1,000/84) = 11,90476. On trouvera de même que la quarantième partie de la livre d'or vaut 25 deniers ou un *aureus*, car 1,000/40=25.

On doit donc se convaincre que l'*aureus*, le denier, le quinaire et le sesterce étaient des monnaies réelles chez les Romains; on connaît avec certitude quelles sont les pièces d'or et d'argent que l'on doit qualifier d'*aureus* et de *denarius* sous la république et sous les douze premiers Césars.

Ces principes étant posés, on trouve d'après le calcul que le denier d'argent représentait une valeur qui était de 81,8 à 71 centimes, suivant les différentes époques.

Pour simplifier les calculs, je supposerai le denier égal à 80 centimes = 16 sous; le denier valant 4 sesterces, et l'*aureus* 25 deniers, celui-ci vaudra par conséquent 100 sesterces.

1 denier = 0,80 = 0,8 = 16 s.

1 aureus = 25 deniers; donc

1 aureus = 20 fr.

Ainsi il suffira de multiplier par 20 le nombre des *aurei* pour avoir leur valeur en argent de France.

« Hannonem, ex malâ pugnâ domum redeuntem, ignominiosè exceperant Pœni, mulctatumque sex millibus aureorum præfecturâ dimoverant. » (T.-L.)

« Hannon, de retour à Carthage après la défaite, avait été fort mal reçu de ses compatriotes, qui, après l'avoir condamné à une amende de six mille écus, l'avaient dépouillé de son commandement. »

Sex millibus aureorum. Cette somme pouvait monter à 90,000 livres de notre monnaie.

(*Note de Guérin.*)

On voit que Guérin a supposé l'*aureus* à 15 francs.

S'il l'eût supposé à 20 francs, il aurait obtenu 120,000 francs pour produit.

Ceux qui voudront avoir des valeurs plus exactes feront les calculs en suivant les diverses variations de l'*aureus*.

Depuis l'an de Rome 536 jusqu'à 720, l'*aureus* valait 20 fr. 47 c.; sous Auguste, 19 fr. 87 c.; sous Tibère Claude, 19 fr. 48 c.; sous Néron, 18 fr. 38 c.; sous Galba Domitien, 17 fr. 79 c.

Mais pour fixer les idées et simplifier les calculs, nous supposerons l'*aureus* = 20 fr. Nous nous trouvons d'accord en cela avec de savans numismatistes.

Alexandre Adam, qui a fait un tableau des mœurs, usages et institutions des Romains, dit que l'*aureus* ou la pièce d'or = 16 sous, 1 3/4 denier-sterling, ce qui équivaut à 19 francs 75 centimes.

« Non sane magno pretio, nummis aureis quadringentis Dasio Brundusino præfecto præsidii corrupto, traditur Annibali claustidium. » (TITE-LIVE).

« Une somme assez modique, quatre cents écus d'or suffisent pour gagner le commandant Dasius de Brindes, qui livra sa place avec toute sa garnison à Annibal. »

Nummis aureis quadringentis. Quelques-uns évaluent cette somme à 6,000 livres de notre monnaie. (*Note de Guérin.*)

C'est à dire que l'*aureus* est supposé égal, comme dans l'exemple précédent, à 15 livres et le denier = 60 c. = 6 d. = 12 s.

Mais, suivant nous, l'*aureus* valant 20 francs, les quatre cents écus d'or vaudront 8,000 fr.

On voit que les traducteurs des auteurs classiques n'avaient point une idée exacte de la monnaie des anciens : ils l'avouent eux-mêmes. L'évaluation de toutes les monnaies anciennes, dit Guérin, a toujours embarrassé les savans.

« De pecuniæ summâ quam penderent (Ætoli) pensionibusque ejus nihil ex eo quod cum consule convenerat mutatum. Pro argento si aurum dare mallent, darent convenit, dùm pro argenteis decem aureus unus valeret. »
(Tite-Live.)

« Quant à la somme convenue et aux termes des paiemens, on ne changea rien à ce qui avait été réglé par le consul; on donna aux Etoliens l'option de s'acquitter en or ou en argent, pourvu que la différence d'une espèce à l'autre fût de dix à un. »

Dum pro argenteis decem aureus unus valeret. La différence de l'or à l'argent était auparavant de quinze à un. L'or en se multipliant avait perdu le tiers de sa valeur. (*Note de Rollin.*)

Dans les bons auteurs, dit M. Letronne, quand *argenteus* est ainsi employé avec un sens absolu, il s'entend non de telle ou telle pièce en particulier, mais d'une pièce d'argent en général, par opposition à une pièce de métal différent, *aureus* ou *æreus* (nummus) ; ainsi dans Pline « *aureus nummus percussus est post annum* LXII *quàm argenteus.* »

C'est la seule signification que l'usage constant de la langue latine permette de donner à ce mot dans le traité des Etoliens et des Romains, rapporté par Tite-Live : « Pro argento si aurum dare mallent, darent convenit, » etc.

AUREA, bride composée de liens de cuir qui servaient à l'attacher autour des oreilles des chevaux, et d'un fer qu'on mettait dans leur bouche; c'était ce fer qu'on appelait proprement *le mors.*

AURUM, 1, n. Or.

L'or et l'argent sont les principaux métaux dont se fabriquent les monnaies réelles : leur qualité, leur rareté les rendent très propres à cet usage.

L'or est le plus précieux des métaux et le plus difficile à imiter. C'est le moins susceptible de se rouiller et de se détériorer par le feu.

Il est parfaitement malléable, et si ductile qu'une feuille peut se réduire à 1/100,000 de pouce, et la dorure à 10/10,000,000.

L'argent vient ensuite pour la valeur et les autres qualités dont il est question. Une feuille d'argent peut être réduite à 1/170,000 de pouce.

Sa divisibilité est à celle de l'or comme 170 est à 300.

La densité de ces métaux est à peu près dans le même rapport, puisqu'elle donne celui de 105 à 193.

La valeur proportionnelle de l'or et de l'argent est cependant variable; car, quoique ces métaux soient généralement regardés comme l'équivalent de toute autre propriété, et comme mesure étalon du prix auquel se vendent, s'achètent, s'estiment les objets, néanmoins ils sont eux-mêmes des objets commerciaux, et exposés à une fluctuation de prix continuelle, soit entre eux, soit par rapport aux autres articles.

On nommait *obrusse* l'essai de l'or ; d'où *aurum ad obrussam, scilicet exactum,* l'or le plus pur.

Aurum coronarium.

Originairement, lorsque le proconsul avait remporté une victoire, non seulement les villes de son gouvernement, mais encore les états voisins lui envoyaient des couronnes qu'il faisait porter devant lui lors de son triomphe. Dans la suite les cités provinciales, au lieu de décerner des couronnes, en envoyèrent la valeur effective, que l'on appela *aurum coronarium*; quelquefois on le prélevait comme un tribut.

Aurum vicesimarium.

« Cætera expedientibus quæ ad bellum opus erant consulibus, aurum vicesimarium, quod in sanctiori ærario ad ultimos casus servabatur, promi placuit. Prompta ad quatuor millia pondo auri : indè quingena pondo data consulibus, additumque Fabio consuli centum pondo auri præcipuum, quod in arcem tarentinam portaretur. » (TITE-LIVE.)

« Pendant que les consuls pressaient les préparatifs, on prit le parti de tirer du trésor le vingtième des revenus publics, qu'on mettait tous les ans en réserve pour les dernières extrémités. On en tira donc environ quatre mille livres pesant d'or, dont on donna cinq mille cinq cents à chacun des deux consuls. Le consul Fabius eut cent livres de plus, destinées à mettre en état de défense la citadelle de Tarente. »

Aurum vicesimarium. Cet or était ainsi appelé parce qu'il provenait du vingtième du prix que valait un esclave, vingtième qu'on payait à la république lorsque cet esclave était affranchi. Cet impôt fut établi l'an de Rome 398. (*Note de Rollin.*) Guérin entend par ce mot le vingtième des revenus de l'empire, qu'on mettait tous les ans en réserve.

Pondo. Ce mot *pondo* en latin, dans ce cas, suppose toujours l'ellipse de *libra*; *auri, argenti, olei, pondo,* sont des locutions exactement identiques avec *auri, argenti, olei, libra pondo.* *Pondo,* ablatif inusité, au lieu de *pondere.* Voyez PONDO.

On prend l'or en général pour toute sorte de richesses.

« Nec enim me divitis auri
Imperiosa fames et habendi sæva cupido
Impulerant. » (LUCAIN.)

« Ce n'est point la soif impérieuse de l'or ni le désir cruel de posséder qui ont dirigé mes actions. »

B.

BATH, mot hébreu. Ancienne mesure liquide juive. *V.* GRACHAL.

BES ou BESSIS, huit onces. Ce mot vient de *bis triens,* deux tiers, 2/3. Quand l'*as* est pris pour la livre (*libra*) *bes* désigne un poids de huit onces.

« Græci in binos semodios farinæ satis esse besses fermenti. » (PLIN.)

« Les Grecs estiment que huit onces de levain suffisent pour un boisseau. »

« Sex cyathos bessemque bibamus. »
(MART.)

« Buvons quatorze cyathes. »

Quand l'*as* signifie une mesure *bes* exprime la huitième partie de cette mesure.

Bes jugeri, (COL.) huitième partie d'un *jugerum* (un arpent).

En général ce mot désigne la huitième partie d'un tout quelconque. De là ces expressions, *Bes hæreditatis,* deux tiers d'un héritage; *bes pretii,* deux tiers d'un prix.

Chez les mathématiciens qui prennent l'*as* pour six *bes* signifie quatre.

Bes usurarum signifie huit pour cent.

BIGATUS, bigat, pièce d'argent monnayé qui avait pour empreinte un char à deux chevaux.

« Læto juveni (Bantio) promissis equum eximium dono dat, bigatosque quingentos quæstorem numerare jubet (Marcellus). » (TITE-LIV.)

« Aux promesses qui transportèrent de joie le jeune homme (Bantius) Marcellus ajoute le don d'un magnifique cheval et cinq cents bigats, qu'il lui fit compter par le questeur. »

Bigatos, pièces de monnaie qui portaient pour empreinte un char attelé de deux chevaux (*bigœ*), au lieu que l'empreinte des quadriges était un char attelé de quatre (*quadrigœ*). Il est vraisemblable que cette différence en mettait dans la valeur de ces pièces. Guérin évalue cette somme à 250 liv., et par conséquent le bigat à 1/2 fr. = 10 sous.

« Marcus Porcius Cato ex Hispaniâ triumphavit : tulit in eo triumpho argenti infecti viginti quinque millia pondo, bigati centum viginti tria millia, oscensis quingenta quadraginta, auri pondo mille quadringenta ; militibus ex prædâ divisit in singulos ducenos septuagenos æris, triplex equiti. »
(Tite-Live.)

« Marcus Porcius Caton triompha de l'Espagne ; il fit porter dans la pompe triomphale vingt-cinq mille livres d'argent en lingots, cent vingt-trois mille pièces d'argent monnayé à l'empreinte d'un char attelé de deux chevaux, cinq cent quarante livres pesant d'argent, tirées des mines d'Huesca, et quatorze cents livres pesant d'or. Chaque fantassin eut une gratification de deux cent soixante et dix pièces d'airain, et chaque cavalier le triple. »

Argenti infecti viginti quinque millia pondo, trente-sept mille cinq cents marcs, à huit onces le marc ; car la livre des Romains était de douze onces. (*Note de Guérin.*)

Bigati centum viginti tria millia, soixante-un mille cinq cents francs, d'après l'évaluation du bigat donnée dans l'exemple précédent.

Oscensis quingenta quadraginta ; si, comme on l'a supposé, on doit ajouter au latin *millia*, la somme est immense. Si on le retranche, et que ce ne soit que cinq cent quarante livres, la somme est trop médiocre. Pour se tirer de cette difficulté on pourrait sous-entendre, au lieu de *millia pondo*, *millia nummûm*. (*Note de Guérin et Drakemborch.*)

Auri pondo mille quadringenta, deux mille cent quatre-vingt-sept marcs quatre onces. (*Note de Crevier.*)

Ducenos septuagenos æris, vingt-sept deniers romains, c'est à dire trois onces trois gros d'argent. (*Id.*)

« Multa spolia hostium captivis carpentis traducta : multa militaria signa lata, æris trecenta viginti millia ; argenti bigati ducenta triginta quatuor millia ; in pedites singulos dati octingenti æris, triplex equiti centurionique. » (Tite Live.)

« On fit passer sous les yeux des spectateurs quantité de dépouilles portées sur les chars mêmes qu'on avait pris aux ennemis, grand nombre de drapeaux, trois cent vingt mille livres pesant d'airain, deux cent trente quatre mille pièces d'argent dont l'empreinte était un char à deux chevaux. Chaque fantassin eut quatre-vingts as de gratification et chaque centurion le triple. »

Æris trecenta viginti millia ; environ seize mille livres. (*Note de Guérin.*)

Argenti bigati ducenta triginta quatuor millia, cent dix-sept mille livres.

Octingentis aris, quatre francs.

C.

CAB. Ancienne mesure sèche juive. V. Caph.

CADUS, 1, *m.* Grand vase de terre à mettre le vin; caque, baril, tonneau.

Le cadus était rond; il avait le col peu large; on le bouchait avec du liége.

« Ipse (Lucullus) cùm rediit ex Asiâ millia cadùm in congiarium divisit ampliùs centum. »
(Plin.)

« Lucullus à son retour d'Asie fit de grandes largesses de vin grec au peuple; il en distribua plus de cent mille pièces. »

« Hortensius super decem millia cadùm hæredi reliquit. »

« Hortensius laissa à son héritier plus de dix mille mesures de vin, de celles que les Romains appellent *cadi*. »

Le cadus contenait trois urnes ou dix conges; certains prétendent qu'il en contenait douze, comme l'amphore en contenait six.

Suivant les uns le *cadus* était du poids de 120 livres, et suivant d'autres de 100; il en est même qui prétendent qu'il n'était que de 80.

Quand Pline parle des vins grecs il se sert du mot *cadus*, et quand il parle des vins latins il emploie le mot *amphora*.

« Cæsar dictator triumphi sui cœnâ vini falerni amphoras, Chii cados distribuit. » (Pl.)

« César étant dictateur fit servir dans un festin qu'il donna pour célébrer son triomphe des amphores de vin de Falerne, et des *cadi* de vin de Chio. »

CANTHARUS, 1, *m.* Tasse, coupe à anse.

« Et gravis attritâ pendebat cantharus ansâ. »
(Virg.)

« Là était suspendue sa coupe pesante, dont l'anse était usée. »

CAPH. Ancienne mesure liquide juive. 1 1/2 caph = 1 log. V. ce mot.

CENTURIA. V. Hæredium.

CHALCUS, 1, *m.* Petite monnaie grecque qui valait le sixième d'une obole; 1 obole = 6 chalques.

Suivant Pline le chalque est justement le 1/60 de la drachme.

CHOMER. Ancienne mesure liquide juive. V. Log.

CHOENIX, icis, *m.* Mesure grecque contenant deux setiers.

CHOMER. Nom d'une des anciennes mesures sèches juives.

Le chomer = 71,027 litres, et les mesures subordonnées en proportion.

CHOUS, 1, *m.* Mesure liquide grecque valant le sixième de l'amphore.

CONDYLUS, 1, *m.* Nom d'une mesure de longueur égyptienne.

Le condyle valait une palme. V. ce mot.

CONGIARIUM, 1, *n.* On appelait *congiarium* une largesse faite au peuple.

« Magnificum, Cæsar, et tuum, disjunctissimas terras munificentiæ ingenio velut admovere, immensaque spatia liberalitate contrahere, intercedere casibus, occursare fortunæ, atque omni ope adniti ne quis è plebe romanâ, dante congiarium te, hominem magis sentiret se fuisse quàm civem.

« Adventante congiarii die observare principis egressum in publicum, insidere vias examina infantium, futurusque populus solebat. »
(Pl. Jun.)

« Quoi de plus magnifique et de plus digne

de vous, César, que d'avoir su par une ingénieuse libéralité rapprocher en quelque sorte les pays les plus éloignés des hommes, que des espaces immenses séparaient; prévoir et surmonter tous les obstacles, tromper la malignité de la fortune; et faire si bien que, dans le temps que vous avez répandu vos largesses sur les citoyens, il n'y en avait eu aucun qui ait pu sentir qu'il était né homme sans s'apercevoir qu'il était né Romain. »

(*Traduction de M. de Sacy.*)

« Nullam congiario culpam, nullam alimentis crudelitatem redemisti. » (*Id.*)

« Vous n'avez par vos largesses racheté ni faute ni cruauté. » (*Id.*)

CONGIUS, 1, m. Mesure romaine contenant six setiers. C'était la huitième partie de l'amphore.

« Ludi romani pro temporis illius copiis magnificè facti, et diem unum instaurati et congii olei in vicos singulos dati. » (T.-L.)

« Les jeux romains furent célébrés avec toute la magnificence que comportaient ces temps-là; on fit distribuer dans chaque quartier certaine mesure d'huile. »

Congii. Environ cinq livres quatorze onces d'huile, mesure de Paris. (*Note de Crévier.*)

« Eodem anno magna vilitas annonæ Romæ fuit : assibus singulis farris modios fuisse; itemque vini congios, ficique siccæ pondo triginta, olei pondo decem, carnis pondo duodecim traditur. » (T.-L.)

« Cette année (dans le temps du siége de Lilybée), les vivres furent à si bas prix à Rome que le boisseau de farine s'y vendait un sou, et que pour le même prix on avait une mesure contenant dix livres de vin, vingt livres de figues sèches, dix livres d'huile et douze livres de chair. »

Modios. Le boisseau valait chez les Romains plus des trois quarts du nôtre.

Congios. Le conge contenait un peu plus de trois pintes et demi-setier de vin.

(*Note de Rollin.*)

COTULA, æ, COTYLA, æ, f., COTYLUS, 1, m. Même mesure que l'hémine. V. HÉMINE.

Le setier valait deux cotyles ou deux hémines.

« At cotylas, quas si placeat dixisse licebit Heminas, recipit sextarius unus. »

(FANN.)

1 cotyle $=$ 6 cyathes; 2 cotyles $=$ 1 xestes. V. ce mot.

CUBITUS, 1, m., ou CUBITUM, 1, n. Coudée; le cubitus était égal à un pied et demi (sesquipes), à 2 spithamæ, à 6 palmi, à 18 pollices, à 24 digiti.

« Alii duo (obelisci) sunt Alexandriæ ad portum in Cæsaris templo quos excidit Mestres rex quadragenum binùm cubitorum. » (PL.)

« Il y a deux autres obélisques au pont d'Ostie dans le temple de César, qui furent taillés par le roi Mestrès, et qui sont hauts de quarante coudées. »

CYATHUS, 1, m. Cyathe, coupe, tasse, mesure liquide grecque. Le cyathe vaut la sixième partie du cotyle. 1 cotyle $=$ 6 cyathes.

Selon Isidore le poids du cyathe est de dix drachmes. Démétrius Ælabaldus dit que les dix drachmes ne sont contenues que par approximation dans le cyathe.

« Cyathi verò pondus ferè drachmæ decem. »

Le médecin Héras dit que le cotyle, qui est l'hémine de Pline, pèse en tout soixante drachmes.

Cléopâtre s'exprime de même : Le cotyle ou l'hémine, dit-elle, comprend six cyathes; son poids est de soixante drachmes ou de sept onces et demie.

L'oxybaphum (acetabulum), acétabule, qui signifie proprement une petite saucière à vinaigre, comprend la quatrième partie du cotyle (de l'hémine) c'est à dire un cyathe et demi.

Quatre cyathes, qui sont la troisième partie du setier (car le setier contient douze cyathes), sont appelés du nom de *triens.* Le *triens* était donc un vase dont la capacité était de quatre cyathes. On en faisait un fréquent usage dans les festins.

« Setinum dominæque nives, densique trientes,
 Quandò ego vos medico non prohibente bibam ? »   (Mart.)

« O vins de Sétie, ô neige rafraîchissante, ô coupes vastes et profondes ! quand pourrai-je vous boire et vous épuiser à longs traits sans qu'un médecin m'en empêche ? »
(E. T. Simon.)

Le *triens* était le quart du litre français.

« Nævia sex cyathis, septem Justina bibatur,
 Quinque Lycas, Lyde quatuor, Ida tribus. »
(Mart.)

« Buvons six coups (cyathes) à l'honneur de Nævia, sept à celui de Justine, cinq pour Lycas, quatre à Lydé, trois à la santé d'Ida. »
(*Traduction de E. T. Simon.*)

Le cyathe était une très petite mesure qui comprenait à peine la douzième partie d'un de nos litres.

La somme de tous ces cyathes $= 25 = $ 2 litres $\times$ 1 cyathe.

C'était un usage chez les Romains de boire à la santé des personnes qui leur étaient chères; ils buvaient autant de cyathes qu'il y avait de lettres dans le nom de l'ami; par exemple, ils buvaient trois *cyathes à la santé d'Ida*.

Des esclaves, dit Adam, avaient l'emploi de mêler le vin et l'eau, et de verser ce mélange aux convives. Ils avaient un petit gobelet appelé *cyathus*, qui leur servait de mesure, et qui contenait la douzième partie d'un *sextarius* (un litre). Le sextarius était divisé en douze cyathes, comme l'*as* ou la livre romaine était divisé en douze onces. Les Romains désignaient les coupes par le nombre de *cyathi* qu'elles contenaient, et se servaient des mêmes dénominations qu'ils donnaient aux divisions de l'*as*. Ainsi *sextans* désignait une coupe contenant le sixième du *sextarius*, c'est à dire 2/12, ou deux *cyathi*; *triens vel triental*, le tiers, ou 4/12, ou quatre *cyathi*; *quadrans*, le quart, ou 3/12, ou trois *cyathi*.

On employait aussi un vase plus petit pour verser le vin et les autres liqueurs : on l'appelait *ligula* ou *lingula* et *cochleare*, vel *cochlear*, cuiller. Il était le quart du *cyathus*.

CYSTOPHORUS, i, *m.* Cystophore, monnaie qui valait environ un demi-denier romain. On l'appelait *cystophorus*, parce qu'elle avait pour empreinte un de ces petits coffrets où l'on mettait les instrumens qui servaient aux mystères de Cérès. V. Den.

Suivant quelques-uns le cystophore $= 1$ denier romain.

« Magno consensu patrum triumphus navalis est decretus (Lucio Æmilio Regillo). Triumphavit calendis februariis : in eo triumpho undè quinquaginta coronæ aureæ translatæ sunt, pecunia nequaquam tanta, pro specie regii triumphi : tetradrachma attica triginta quatuor millia septingenta : cystophori centum triginta unum millia trecenti. »

« Le triomphe naval fut décerné presque tout d'une voix à L. Æmilius Régillus. Dans cette cérémonie, qui eut lieu aux calendes de février, il fit passer sous les yeux des spectateurs quarante-neuf couronnes d'or, mais une somme d'argent bien modique pour une victoire si importante et remportée sur un si puissant monarque (Antiochus); car cette somme ne s'éleva pas à plus de trente-quatre mille sept cents tétradrachmes attiques, et de cent trente-un mille cystophores. »

Tetradrachma attica triginta quatuor millia septingenta. Ces pièces, valant quatre drachmes chacune, faisaient cent trente-huit mille huit cents drachmes, qui pouvaient revenir à la somme de soixante-neuf mille quatre cents livres. (Guérin.)

Cystophori. On a marqué plus haut ce que c'était que le cystophore; moindre de moitié que la drachme, il équivalait au denier romain.

« Æmilio magno consensu decretus (trium-

3

phus), isque triumphans de rege Antiocho et Ætolis urbem est invectus. Prælata sunt in triumpho signa militaria ducenta triginta et argenti infecti tria millia pondo, signati tetradrachmûm atticùm centum tredecim millia, cystophorûm ducenta quadraginta octo. »

« Un consentement unanime décerna le triomphe à Acilius, qui triompha d'Antiochus et des Etoliens. Acilius fit porter devant son char deux cent trente drapeaux, trois mille livres d'argent pesant en lingots, cent treize mille tétradrachmes attiques, deux cent quarante-huit mille cystophores. »

Argenti infecti tria millia pondo: Quatre mille six cent quatre-vingt-sept marcs et quatre onces d'argent. *(Note de Crevier.)*

Tetradrachmûm atticûm centum tredecim millia.

Crevier évalue le tout à sept mille soixante-deux marcs et quatre onces; les traducteurs anglais évaluent le tétradrachme environ deux francs de France.

Cystophorûm ducenta quadringenta octo. Les Grecs appelaient ainsi des pièces de monnaie sur lesquelles était empreinte la figure des prêtres ou ministres qui portaient sur leurs têtes les coffres ou boîtes dans lesquels on renfermait les objets mystérieux qui servaient aux sacrifices de Cybèle, de Bacchus et de Cérès. Rac. κίστη, corbeille; φέρειν, porter.

Crevier évalue toute la somme à deux mille soixante-sept de nos marcs.

D

DACTYLUS, 1, m. Un doigt ou la longueur d'un doigt.

DECEMPEDA, æ, f. Bâton long de dix pieds; il s'appelait aussi *pertica*, perche (*quasi portica à portando*); on s'en servait pour prendre la mesure des champs.

Pro cætero delictorum genere variis ignominiis affecit, ut stare per totum diem juberet ante prætorium, interdùm tunicatos discinctos que nonnumquàm cum decempedis vel etiam cespitem portantes.   (Suét.)

DECUNX, uncis, m. ou **DECUNCIS, uncis, f.** Dix onces. C'est le nom d'une mesure ou d'un poids. Son synonyme est *dextans*.

« Si sextantem retrahas, erit ille decuncis. »

DENARIUS, 1, m. Denier, monnaie. Le *denarius nummus*, ou simplement *denarius*, était une pièce d'or en usage chez les Romains; elle valut d'abord dix *as*, ensuite seize. Sa quatrième partie s'appelait *sesterce*, dont la valeur fut d'abord de deux as et demi, et ensuite de quatre.

Hardouin assure que le denier d'or (*denarius aureus*) était absolument le même que le numme d'or (*nummus aureus*).

D'autres prétendent que le denier d'or n'était pas une monnaie romaine, mais étrangère, qui valait dix drachmes d'argent.

« Quoniam in mensuris quoque ac ponderibus crebrò græcis nominibus utendum est, interpretationem eorum semel in hoc loco ponemus. Drachma attica (ferè enim atticâ observatione medici utuntur) denarii argentei habet pondus, eademque sex obolos pondere efficit; obolus x (decem) chalcos. Cyathus pendet drachmas decem. Cum acetabuli mensura dicitur, significat heminæ quartam partem, id est drachmas xv. Mna, quam nostri minam vocant, pendet drachmas atticas centum. »
    (Pline.)

« Comme nous sommes souvent obligés de nous servir de mots grecs quand il s'agit des poids et mesures, je vais en donner ici une explication qui pourra servir pour la suite de cet ouvrage.

« Je commence donc par la drachme attique, parce que les Romains se règlent ordinairement sur le poids d'Athènes; elle pèse un denier d'argent, c'est à dire six oboles; l'obole pèse dix chalques; le cyathe, dix drachmes. Quand on dit à la mesure d'un acétabule on entend la quatrième partie d'une hémine, c'est à dire quinze drachmes.

La mine pèse cent drachmes attiques.

Le denier romain était une pièce de monnaie d'argent qui revenait, à très peu de chose près pour le poids, à une de nos petites pièces d'argent qui valent six sous.

Pline dit que la drachme attique pèse un denier d'argent, c'est à dire six oboles; ceci est confirmé par Dioscoride. Marcellus Empirius fait le victoriat ou demi-denier de trois oboles.

Diodore, chez Suidas, ne compte dans l'obole que six chalques; Cléopâtre en compte huit; Pline en compte constamment dix; de sorte que, selon cette évaluation, le chalque est justement la soixantième partie de la drachme, comme Pline l'articule expressément dans différens endroits. Nous avons vu que l'an de Rome 485 le denier d'argent passait alors pour représenter dix livres de cuivre.

On emploie fréquemment le denier pour désigner une certaine somme d'argent : il exprime souvent la monnaie romaine, parce que les autres peuples n'avaient pas de pièce de ce nom.

« Vide quid narrent, ecqua spes sit denarii an cystophoro pompeiano jaceamus. » (CICÉR.)

« Voyez ce qu'ils diront, s'il y a quelque espérance qu'ils nous paient à Rome, ou s'il faudra se contenter des monnaies d'Asie. »

Cystophoro pompeiano. Outre les richesses immenses que Pompée avait apportées d'Asie après la guerre contre Mithridate, le seul argent monnayé, montant à dix-sept mille cinquante talens, ce qui, à mettre le talent à cinq cents écus, fait 25,575,000 livres, il y avait laissé une certaine petite monnaie difficile à transporter, et qui ne valait qu'environ un demi-denier romain.

Les questeurs, qui payaient les appointemens des gouverneurs des provinces, voulaient faire payer Quintus Cicéron sur les lieux en cystophores, pour épargner les frais et l'embarras du transport; et, par la même raison, ce gouverneur n'en voulait point, et prétendait être payé en monnaie romaine. C'est ce que Cicéron veut dire par *ecqua spes sit denarii.*

Le denier, dit Mongault, traducteur de Cicéron, était une monnaie d'argent qui valait huit sous.

« Campanus populus jussus pendere in singulos quotannis denarios nummos quadringenos quinquagenos. » (TITE-LIVE.)

« On imposa aux Campaniens l'obligation de payer tous les ans la somme de quatre cents deniers. »

Denarios. Il n'y avait point encore à Rome, du moins à cette époque, de denier frappé; mais il pouvait être en usage chez les Campaniens, en supposant qu'il valût dans la suite à Rome, lorsque cette espèce de monnaie y fut en usage : les 450 deniers faisaient un peu plus de 200 livres. (*Note de Rollin, de Crévier et de Guérin.*)

Ainsi, suivant l'évaluation de ces savans, le denier valait à peu près neuf sous de France.

« Titurium Tolosæ quaternos denarios in singulas vini amphoras portorii nomine exegisse; Croduni Porcium et Numium ternos victoriatos. Elesiodolum tantum senos denarios ab his qui ad hostem portarent exegisse. » (CICÉR.)

«Titurius, à Toulouse, avait exigé, sous le nom d'impôt, quatre deniers par amphore de vin. Porcius et Numius, à Crodine, avaient exigé trois victoriats; Elésiodole avait exigé six deniers de ceux qui voulaient porter des vins à l'ennemi.»

Les médecins latins se servent du mot *denarius* pour désigner le poids d'une drachme attique. Celse divise le poids du denier en six parties (*sextantes*) qui correspondent à autant d'oboles grecques. Il y avait aussi des deniers d'or, dit Facciolati, mais on ignore dans quel temps ils furent frappés.

Ce mot est quelquefois du neutre.

« Centum *denaria philippea.* » (PL.)

«Ingens numerus erat bello punico captorum, quos Annibal, cùm à suis non redimerentur, venumdederat. Multitudinis eorum argumentum est, quod Polybius scribit, centum talentis eam rem Achæis stetisse, cùm quingenos denarios pretium in capita quod redderetur dominis statuissent; mille enim ducentos eâ ratione Achaia habuit.» (T.-L.)

« Il existait en effet un grand nombre de prisonniers faits durant la guerre punique, et qu'Annibal avait vendus, parce qu'on refusait de les racheter. Une preuve que ce nombre fut considérable, c'est qu'au rapport de Polybe leur rançon coûta cent talens aux Achéens, quoiqu'ils l'eussent fixée au taux de cinq cents deniers par tête. Sur ce pied l'Achaïe en avait douze cents pour sa part

Centum talentis, cent mille écus. (ROLLIN.)

Quingenos denarios, deux cent cinquante livres. (ROLLIN.)

Donc 1 denier = 10 sous.

Mille enim ducentos. Chaque talent contenait 6,000 drachmes ou deniers; ainsi à cinq cents deniers par tête la rançon de douze Romains dut coûter un talent, et il en fallut cent pour en délivrer douze cents.
(*Note de Crévier.*)

« Cneius Cornelius Lentulus, cùm ex senatusconsulto ovans urbem esset ingressus, tulit præ se auri mille et quingenta quindecim pondo, argenti viginti millia, signati denariûm triginta quatuor millia et quingentos quinquaginta. L. Stentinius, ex ulteriore Hispaniâ, ne tentatâ quidem triumphi spe, quinquaginta millia pondo argenti in ærarium tulit.
(T.-L.)

« Cnéius Cornélius Lentulus obtint les honneurs de l'ovation en vertu d'un sénatus-consulte; il fit porter dans son triomphe quinze cent quinze livres pesant d'or, et vingt mille livres d'argent en barre, trente quatre mille cinq cent cinquante deniers d'argent monnayé. L. Stertinius, qui avait commandé dans l'Espagne ultérieure, sans avoir fait la moindre tentative pour obtenir le triomphe, fit entrer dans le trésor public cinquante mille livres d'argent pesant. »

Auri mille et quingenta quindecim pondo, deux mille deux cent soixante-douze marcs et demi d'or, suivant l'évaluation de Guérin.

Argenti viginti millia, trente marcs d'argent. (*Id.*)

Triginta quatuor millia, etc. La modicité de cette somme a fait croire à quelques commentateurs, entre autres à Scaliger, *de re nummariâ*, qu'il faut lire *trecenta* au lieu de *triginta*. (*Id.*)

DEUNX, UNCIS, m. Onze onces, c'est à dire 12—1 onces : ainsi il manque une once pour compléter la livre.

«Uncia nam libræ si deest dixêre deuncem»
(FANN.)

Ce mot exprime en général onze parties d'un tout, composé de douze parties.

« Ut in pauca conferam, testamento facto, mulier (Cesennia) moritur : facit hæredem ex deunce et semunciâ Cæcinam; ex duabus sextulis M. Fulcinium; Æbutio sextulam aspergit : hanc sextulam illa mercedem isti esse voluit assiduitatis et molestiæ, si quam susceperat. Iste autem hâc sextulâ se ansam retinere omnium controversiarum putat. » (CIC.)

« Pour trancher court, Césennia mourut après avoir fait son testament. Elle institua Cécina son héritier pour onze douzièmes et demi de la succession. Des trois soixante-douzièmes qui restent elle en lègue deux à Fulcinius; le troisième, elle l'abandonne à Ebutius. Il regarde ce modique legs comme le fondement sur lequel il peut bâtir toutes ses chicanes. »

Une succession se partageait en douze parties ou douze onces; chaque once six sixièmes *sextulæ*; une demi-once faisait donc trois sixièmes 3/6 d'une once, ou trois soixante-douzièmes $3/72 = 1/24$ du tout.

«Quid petis? ut nummis quos hic quincunce modesto
Nutrieras peragant avidos sudare deunces ? »
(PERSE.)

« Eh! que désirez-vous? las de nourrir ici votre argent par une usure modeste, allez-vous le tourmenter au loin ? voulez-vous, à force de sueurs, lui faire rendre cent pour cent? »

Si on avait voulu, dit Monnier, être scrupuleusement exact en traduisant, il aurait fallu dire *onze pour douze*, au lieu de dire *cent pour cent*. On a préféré cette dernière façon de parler, qui est plus à notre usage. *Peragere* a ici la signification de *compléter*. *Sudare* revient à une expression qui a cours parmi les usuriers; ils disent : Faire travailler l'argent.

Le mot *deunx* se dit d'un vase qui contient onze cyathes, parce que si on ajoute un cyathe on a le setier. Le cyathe est, comme nous l'avons dit ailleurs, la douzième partie du setier.

« Poto ego sextantes, tu potas, Cinna, deunces,
Et quereris quod non, Cinna, bibamus. »
(Mart.)

« Je bois deux tasses pleines, tu en vides une douzaine de suite, Cinna, et tu te plains qu'on ne nous serve pas à tous deux du même vin. »

DEXTANS, Antis, m. Decem unciæ, dix onces; c'est à dire qu'il manque 1/6 (*sextans*) ou deux onces pour compléter l'as; de même que *deunx* exprime qu'il manque une once pour compléter aussi l'*as*. Ce mot signifie en général dix parties d'un tout, divisé en douze.

Dextans jugeri signifie que l'arpent (*jugerum*) est partagé en douze parties et qu'on en prend dix. Ainsi *dextans horæ* (*Plin.*) signifie 50 minutes. En effet l'heure est composée de 60 minutes. 1 heure $=$ 5 $\times$ 12. Chaque dextans valant 10 minutes, cinq dextans vaudront 5 $\times$ 10 m. $=$ 50 minutes.

DIDRACHMA, æ, f. Didrachme. Le didrachme $=$ 2 drachmes. V. Drachme.

DIGITUS, 1, m. Doigt, la largeur d'un doigt. Nom d'une mesure valant la seizième partie du pied.

DIRHEM. Nom d'un poids égyptien. V. Once.

DODRANS, Antis, m. Neuf onces, pièce de monnaie valant les trois quarts de la livre romaine.

Dodrans signifie donc 9/12 $=$ 3/4.

Il est composé de *de* privatif et de *quadrans* (quadrant) un quart, 1/4.

Ce mot exprime en général neuf parties d'un tout divisé en douze.

« Solvere dodrantem nuper tibi, Quincte, volebat
Lippus Hylas : luscus vult dare dimidium. »
(Mart.)

« Hylas, attaqué de lippitude, voulait dernièrement, Quinctus, te payer neuf douzièmes de la somme qu'il te doit : le voilà borgne, il prétend s'acquitter aujourd'hui en t'en rendant la moitié. »

« In parte montium Trispithami Pygmæique narrantur ternas spithami longitudine, hoc est ternos dodrantes non excedentes. » (Plin.)

« A l'extrémité des montagnes sont, dit-on, situés les Trispithames et les Pygmées, dont la taille n'excède point la hauteur de trois spithames, c'est à dire de vingt-sept pouces. »

« Is autem obeliscus, quem divus Augustus in Circo magno statuit, excisus est a rege Semne Serteo, quo regnante Pythagoras in Ægypto fuit, centum viginti quinque pedum et dodrantis, præter basim ejusdem lapidis.

« Le premier obélisque d'Auguste fut placé par lui dans le grand Cirque; il fut taillé sous le roi Semne Sertée, qui régnait du temps que Pythagore voyagea en Egypte. Il est haut de cent vingt-cinq pieds neuf pouces; outre sa base, qui est de la même matière. »

Ces mots *hæres ex asse* signifient héritier universel; ainsi *hæres ex besse* signifie héritier des deux tiers du bien; *hæres ex dodrante* héritier des trois quarts du bien. Ce mot *dodrans* désigne neuf parties d'une mesure quelconque qui en contient douze.

Dodrans horæ signifie 45 minutes; en effet; l'heure est composée de soixante minutes. 1 h. $=$ 60 m. $=$ 5 $\times$ 12 minutes. Chaque dodrans valant neuf minutes, cinq dodrans vaudront donc 5 $\times$ 9 m. $=$ 45 minutes.

DOLIUM, ii, n. Tonneau; vaisseau d'une grande capacité que les anciens employaient pour conserver le vin dans les celliers. Quand il avait perdu sa lie, on le versait dans des amphores et des *cadi*.

« Dummodo purpureo spument mihi dolia
   Baccho. » (Prop.)

« In cava lethæas dolia portat aquas. » (Cl.)

« Elle porte les eaux du fleuve Léthé dans des muids profonds. »

« Atque tuam vincant dolia fusa sitim. » (*Id.*)

« Que tes tonneaux répandus calment ta soif. »

1 Dolium = 20 amphores.

DRACHMA, æ, *f.* Drachme, monnaie d'Athènes valant à peu près 18 centimes de notre monnaie actuelle, dit M. Noel. C'est aussi le nom d'un poids dont on se sert en médecine. Mais, d'après des recherches plus exactes, on doit l'évaluer à 90 centimes.

Le mot *drachme* signifie *poignée*; la drachme, selon Danet, = 6 oboles. La drachme est un poids valant 1/2 sicilicus, c'est à dire trois scrupules, *scripula*, *scripla*, *scriptla*. (V. ces mots.) Au sentiment de plusieurs elle vaut dix sous de notre monnaie.

Suivant les uns c'est la huitième partie de l'once, et suivant d'autres elle n'en est que la septième partie.

On frappait à Athènes une pièce d'argent de ce poids qui valait la centième partie de la mine attique. La drachme répondait presque au denier romain et à quatre sesterces, soit qu'il s'agisse de poids ou de monnaie.

La drachme attique est du poids d'un denier. (Scr.) Elle pèse six oboles. La drachme, dit Adam, équivalait à un denier; mais d'autres établirent sa valeur dans la proportion de 9 à 8.

« Quibus divitias pollicentur ab iis drachmas ipsi petunt. » (Cicer.)

« Ils demandent des drachmes à ceux mêmes à qui ils promettent des richesses. »

« Quant aux trois cent cinquante-trois drachmes dont vous me parlez dans votre lettre, il n'est rien que dans cette espèce je puisse prêter à qui que ce soit. » (Cic.)

« Cicéron parle de la monnaie d'Asie, car s'il eût parlé de la monnaie romaine il se serait servi de mots latins. »

La sextule (*sextula*) est la sixième partie de la drachme; *duella* en est le tiers; le *siclus*, le quart.

DUELLA, æ, *f.* Troisième partie de l'once. La *duella* comprend deux sextules; c'est de là qu'elle a pris son nom.

« Sextula cùm dupla est veteres dixêre duellam. » (Fann.).

D'autres la nomment *duellum*; suivant eux 1 1/2 duellum = 1 *semi-uncia*, une demionce.

DUPONDIUS et DUPONDIUM, *m.* ou *n.* On dit aussi *dipondius*. Monnaie romaine valant deux as; car *pondo* désigne une livre. On l'emploie aussi pour exprimer la mesure de deux pieds.

1 *centum pondium* = 100 *libræ*.

E

EPHAPH, mot hébreu. V. Gachal.

G

GERE, mot hébreu signifiant une obole.

GOMON, mot hébreu. V. Grachal.

GRACHAL, mot hébreu. Nom d'une ancienne mesure juive valant 7/80 de litre.

GRADUS. Ce mot est synonyme de *gressus*. Chez les mathématiciens le mot *gradus* désigne les degrés des cercles de la sphère que les Grecs nomment μοῖραι. V. Passus.

GRAMMA, æ, *f.* Superficie ou surface terminée par des lignes que les Grecs nomment γράμμα. Ce mot grec signifie lettre, ou un poids de deux oboles. Les Latins traduisent ce mot par *scrupulum*, *scripulum*, *scriplum* ou *scriptlum*. En effet, ce mot grec dérive de γράφω, *scribo*, j'écris.

« Semoboli duplum est obolus quem pondere duplo Gramma vocant : scriptlum nostri dixêre priores. » (Fann.)

L'once vaut deux fois quatre drachmes; les drachmes valent trois scrupules; ainsi l'once vaut vingt-quatre drachmes, c'est à dire autant qu'il y a de lettres grecques.

GRESSUS, us, *m.* C'est une mesure de deux pieds.

Le pas géométrique est ainsi nommé parce que les géomètres en font particulièrement usage. Ce pas est composé de cinq pieds, ou de deux gressus, c'est à dire du plus petit pas que l'on double. C'est ce pas qu'il faut entendre quand nous disons que chaque mille est composé de mille pas. C'est ainsi que le comprennent les auteurs.

« Stadium centum viginti quinque nostros efficit passus, hoc est pedes sexcentos viginti quinque. (Pline.)

« Le stade comprend vingt-cinq de nos pas, c'est à dire, six cent vingt-cinq pieds. »

H

HÆREDIUM, ii, *n. Bina jugera*, deux arpens; Romulus avait, dit-on, accordé en partage à chaque Romain cette étendue de terrain. Comme elle échéait en partage à chaque héritier, *hæres*, on la nomma *hæredium*. 2 *jugera* = *hæredium*; 100 *hæredia* = 1 *centuria*.

Le mot *centuria* relativement à l'agriculture exprime deux cents arpens; son nom lui vint d'abord de *centum jugera*; et, quoique dans la suite on eût doublé les *jugera*, le mot *centuria* a cependant été conservé. Quand on partageait au peuple romain les terres prises aux ennemis, on donnait deux cents *jugera* pour cent hommes. Cependant ce mode n'était pas adopté dans tous les pays. La *centuria* a valu cinquante ou deux cent vingt, ou même quatre cents *jugera* à des époques différentes.

HECTOS. L'hectos = 1/2 modius. V. ce mot. Ainsi, 2 hemiecti = 1 modius.

HEMIHECTOS, vaut la moitié de l'hectos, comme son nom l'indique.

HEMINA, æ, *f.* Feuillette, moitié d'un setier, ou de toute autre mesure de liquides; c'est aussi le nom d'un vase qui contient cette mesure. Hémina dérive du mot ἥμισυ (*dimidium*), la moitié. Son synonyme est *cotyla*. Douze hémines composaient le conge.

« Heminæ duodecim congium efficiebant. »

Nous avons cité ce passage de Pline :

« Cum acetabuli mensura dicitur, significat heminæ quartam partem, id est drachmas quindecim. »

« Dona amplissima imperatorum ac fortium civium quantùm quis uno die plurimum circumaravisset. Item quarta pars farris, aut heminæ, conferente populo. » (Plin.)

« Le plus grand présent dont on récompensait un général d'armée, ou un vaillant citoyen, c'était de lui donner autant de terre qu'un homme en peut labourer en un jour, et l'on regardait comme une largesse considérable lorsqu'on recevait du peuple un quartal de blé, ou même seulement une hémine.

1 hemina = 4 Acetabula.

HIN. C'est le nom d'une ancienne mesure liquide juive.

1 hin = 3 chomer.

HOMER, ou *homer* ou *corus*, mot hébreu, nom d'une ancienne mesure de liquides juive.

J

JUGERUM, i, n., arpent. *Campus* πλέθρον, mesure qui a deux cent quarante pieds de long, sur cent vingt de large. Il se compose de deux actes (*actus*) carrés, ou d'un acte carré double en longueur. Le côté de l'acte carré est de cent vingt pieds. (Pline.)

On l'appelle ainsi parce qu'il vaut deux actes carrés ajoutés ensemble. Quelques-uns prétendent qu'on a nommé cet espace (*jugerum*) de l'étendue que peut labourer en un jour une paire de bœufs, *unum jugum boum*. C'est pour cette raison que plusieurs veulent que l'on nomme cet espace *jugum*, et non *jugerum*.

On trouve à l'ablatif singulier *jugere*, et au pluriel on dit à l'ablatif *jugeribus*.

« Ut multo innumeram jugere pascat ovem. »
(Tib.)

« Donare clientem jugeribus paucis. »
(Hor.)

« Gratifier un client de quelques arpens de terre. »

« Circus maximus, à Cæsare dictatore exstructus, longitudine stadiorum trium, latitudine unius, sed cum ædificiis jugerùm quaternum ad sedem, ccl millium, » etc.
(Pline.)

« Le vaste colysée construit par Jules César, dictateur, est long de trois stades sur un de large, ou plutôt sur quatre journaux de large, en y comprenant les corps de bâtimens latéraux. »

« Caius Licinius et L. Sextius promulgavêre leges.... unam de ære alieno; alteram de modo agrorum ne quis plus quingenta jugera agri possideret. » (Tite-Live.)

« C. Licinius et L. Sextius publièrent des projets de loi... L'un sur les dettes; un second limitait à cinq cents le nombre d'arpens que chacun pourrait posséder. »

Quingenta jugera agri. L'arpent avait deux cent quarante pieds de long et cent vingt de large. (*Note du traducteur.*)

« His ambobus (Syracusanis Sosidi et Merico) civitas data et quingena jugera agri. »
(Tite-Live.)

« Tous deux, Sosis et Mericus, Syracusains, eurent le droit de cité et chacun cinq cents arpens de terre. »

L'arpent, suivant l'évaluation du dernier éditeur de la traduction de Nardi (In Milano 1799) avait 240 pieds de long et 120 de large.

Le *jugerum* (suivant Adam) contenait 28,800 pieds carrés = 25 ares 28 mètres carrés.

Les Romains divisaient leurs champs au-cohortant qu'il était possible en portions rectangulaires de 240 pieds de long sur 120 de large ou en *jugera*, dont la moitié était un *actus*.

Cette mesure était la même chez les juifs.

K

KÉRAMION. Le kéramion, ou métrètes, = 2 amphores.

Le kéramion, selon Paucton, = 35 pintes françaises et les mesures inférieures en proportion.

L

LAPIS, IDIS, *m*. Mille, pierre milliaire.

LETEEH, ancienne mesure sèche juive. V. GRACHAL.

LIBELLA, Æ, *f*. *Libella* valant un *as* ou la dixième partie d'un *denarius*, *sembella* (*quasi semi libella*) représente une demi-livre de cuivre, ou la vingtième partie d'un denier, et *teruncius* la quarantième partie d'un denier. Mais Cicéron prend la *libella* pour la plus petite pièce d'argent, aussi bien que le *teruncius*.

Quoi qu'il en soit, il n'assigne pas dans un passage contre Verrès une valeur précise : c'est comme lorsque nous employons le mot de *sou* ou de *liard* pour désigner une petite valeur.

Voyez le passage cité de Pline : « Populus romanus, etc., librales (undè etiam nunc libella dicitur et dupondius) appendebantur asses. »

« Curius autem ipse sensit quàm tu velles se à me diligi; et eo sum admodùm delecta-tus, et mehercule est quam facile diligas αὐτόχθων in homine urbanitas. Ejus testamentum deporto Roman Ciceronum signis obsignatum tisque prætoriæ fecit palàm te ex libella, me ex teruncio. » (CIC.)

« De mon côté, j'ai fait connaître à Curius combien vous souhaitiez qu'il fût de mes amis, et en effet je le goûte fort, et je lui trouve un enjouement naturel et un tour de plaisanterie fort agréable. Je vous porte son testament scellé du cachet de mon frère, de notre neveu, de mon fils et de tous ceux de ma suite. Il vous a fait en leur présence son héritier principal (*ex libella*) et moi pour le quart (*ex teruncio*) de son bien. »

LIBRA, Æ, *f*. Douze onces. Dans son origine l'*as* pesait une livre. Ainsi la livre équivaut à l'*as*.

La livre romaine était un peu plus grande que la mine attique. La livre était aussi une espèce de mesure consistant en douze parties égales, que l'on appelait onces par analogie. Les parties de la livre sont les mêmes que celles de l'*as*.

La livre romaine n'était que de dix onces et demie, dit Poinsinet, traducteur de Pline.

« Delphinos quinis millibus sestertiûm in libras emptos C. Gracchus habuit. Lucius verò Crassus, orator, duos scyphos Mentoris artificis manu cælatos sestertiis c. Constat eumdem sestertiùm vi millibus in singulas libras vasa empta habuisse. » (Pline.)

« C. Gracchus acheta deux dauphins à raison de quinze mille sesterces la livre. (500 fr. monnaie de France, dit Poinsinet.) L. Crassus, l'orateur, eut deux coupes ciselées par Mentor du prix de cent mille sesterces. »

Selon Romé-de-L'Isle la livre romaine = 12 onces 4 gros, ancien poids de France.

LITRA. V. Libra.

LIGULA, æ. Ce mot exprime la quatrième partie du cyathe; ainsi 4 *ligulæ* = 1 *cyathus*.

Quelques-uns ont cru que ce mot avait le même sens que *cochleare* (cuiller.) Ces vers de Martial prouvent que ces deux mots ne sont pas synonymes :

« Quid tibi cum phialâ, ligulam cum mittere possis,
Mittere cum possis vel cochleare mihi ? »

M

MEDIMNUS, i, *m.*, ou MEDIMNUM, i, *n.* Médimne.

Le *medimnus*, selon Paucton, = 3 1/2 boisseaux français.

Le medimnus, ou *achana*, était une mesure de blé grecque.

Cette mesure était principalement en usage chez les habitants de l'Attique.

« Universos frumento donavit, ita ut singulis sex modii tritici darentur; qui modus mensuræ *medimnus* Athenis appellatur. » (Corn.-Nép.)

« Il fit un présent de blé à tous les citoyens, de manière qu'on en donna à chacun d'eux six boisseaux, mesure qu'on appelle *médimne* à Athènes. »

« In jugero agri leontini medimnum ferè tritici seritur. » (Cicéron.)

« On sème à peu près un médimne dans un jugerum de champ léontin. »

Le médimne est aussi une mesure de liquides. L'urne est la moitié de l'amphore, l'amphore est la moitié du médimne, et comprend trois fois le boisseau.

« Hujus (amphoræ) dimidium fert urna, ut et ipsa medimni amphora, terque capit modium. » (Fann.)

« Ad Tabas tertiis castris perventum; in finibus Pisidarum posita est urbs, in eâ parte quæ vergit ad Pamphilium mare. Quinque et viginti talenta argenti et decem millia medimnûm tritici imperata; ita in deditionem accepti (incolæ). » (Tite-Live.)

« En trois jours de marche l'armée arrive à Tabes, ville située sur les frontières de Pamphilie. On commença par exiger des habitans vingt-cinq talens d'argent et dix mille médimnes de blé; ensuite ils furent reçus à composition. »

Quinque et viginti talenta argenti, deux mille trois cent quarante-trois marcs six onces. » (Crevier.)

« *Decem millia medimnûm tritici.* On a dit que le médimne grec, *medimnus* ou *medimnum*, contenait six boisseaux. Sur cela, dix mille médimnes font soixante mille boisseaux romains, et quarante-six mille deux cents chez nous, où le boisseau est plus fort qu'il n'était à Rome. On peut encore évaluer dix mille médimnes à cinq mille setiers, même proportion gardée. (*Note de* Guerin.)

1 médimne = 6 boisseaux romains, = 4 5/8 boisseaux français.

L'évaluation de M. Goguette est moins forte. Selon cet auteur le médimne attique valait un pied neuf cent trente-quatre pouces cubes ou quatre boisseaux un litron et deni neuf pouces un quart cubes, ancienne mesure de Paris.

« Rex ad id quod sacrum Apollinis agrum grandi quondam pecuniâ redemerat eis, tum quoque, ne sine aliquâ munificentiâ præteriret civitatem sociam atque amicam, decem talenta argenti dono dedit et decem millia medimnûm frumenti. »

« Ce prince, qui avait racheté à grands frais pour eux un champ consacré à Apollon, ne voulut pas quitter une ville alliée sans se signaler par de nouvelles largesses, et lui fit présent de dix talens d'argent et de dix mille médimnes de blé. »

Decem talenta argenti, dix mille écus, suivant l'évaluation de Guérin.

1 talent d'argent $=$ 1000 écus.

Decem millia medimnûm frumenti, à peu près cinq mille de nos setiers suivant le même; car la mine tenait six boisseaux, et par conséquent deux mines font le setier, qui en contient douze. (*Idem.*)

« La Sardaigne eut pour gouverneur M. Porcius Caton. Pendant qu'il commandait l'armée, il ne prit jamais du public plus de trois médimnes de froment pour lui et pour toute sa maison, c'est à dire moins de treize de nos boisseaux de froment par mois, et un peu de moins de trois médimnes d'orge ou d'avoine par jour pour ses chevaux et bêtes de voiture. » (ROLLIN, *Histoire romaine.*)

« On donnait à la mesure contenant six boisseaux le nom de *medimnus* ou *medimnum*, une mesure attique. » (CORN.-NEP.)

MENSARIUS, 1, *m.* Banquier.

« Quinque viris creatis, quos mensarios ab dispensatione pecuniæ appellârunt. »

« On fit créer cinq magistrats *banquiers*, ainsi nommés par l'analogie de leurs opérations avec celles de la banque. »

On appelait *mensa* le comptoir des banquiers; mais il y a cette différence entre *mensarii* et *argentarii* : *mensarius* a le soin des fonds publics, *argentarius* fait valoir des fonds particuliers; aussi les premiers étaient nommés par le peuple; les derniers rentraient dans la classe ordinaire des négocians qui exercent leur trafic en leur propre et privé nom. » (*Note de* CRÉVIER.)

MÉTRÈTES, nom d'une des anciennes mesures liquides grecques.

Le métrètes est le même que le kéramion. *V.* ce mot.

MILLIARIUM, II, *n.* Qui contient mille pas.

Le *milliarium* (milliaire) $=$ 1000 pas.

Ce mot désigne en général une colonne ou une borne élevée sur les chemins, sur laquelle était gravé le nombre des milles.

« Quod ad te scripseram posteà audivi à tertio milliario tum eum

Ῥίψαι πολλὰ μάτην κεράεσσιν, ἐς ἠέρα θυμήναντα.

(Cum fureret multa cornibus frustrà in aerem proruisse.) »   (CICER.)

« J'ai su, depuis que je vous ai écrit, qu'il n'était pas à trois milles lorsqu'il lui prit un de ses accès, et qu'il avait fort mal parlé de moi, ce qui ne peut faire tort qu'à lui. »

« Apri milliarii, hoc est mille librarum pondere. »   (SÉNEQ.)

« Milliarium annorum. » (S. AUG.)

On appelle aussi *milliarium* l'espace même.

« Fossam inchoabat longitudinis per centum sexaginta milliaria. »

MINA, æ, *f.* Sorte de poids qui chez les Grecs pesait cent drachmes.

C'est ce que les Romains appelaient *libra* ou *pondo*. (NOEL.)

« Nostrique *minam* dixisse priores. »

La mine (*mina*) est une monnaie et un poids grecs. Elle contenait cent drachmes.

La drachme répond à 3 1/2 sous. (livre tournois).

« Drachma quælibet respondet tribus assibus turonensibus cum semisse. »

Ainsi une mine vaudra à peu près dix-sept livres dix sous (monnaie de France).

« Undè mina una valebit libras gallicæ monetæ ferè XVII cum assibus X. »

« Pline et Cléopâtre disent que la mine attique comprend douze onces et demie, cent drachmes.

« *Mna attica habet uncias duodecim et semis, drachmas centum.* »

Mina, libra, livre ; *nummus*, numme chez les Grecs.

L'évaluation la plus simple de la monnaie des Grecs est celle-ci :

L'obole était la sixième partie d'une drachme, et valait vingt deniers.

Il y avait des demi-oboles, des oboles et demie, des trioboles ou quatroboles, qui étaient toutes des pièces de monnaie différentes.

Le triobole valait une demi-drachme.

La drachme valait dix sous de notre monnaie.

La mine valait cent drachmes, et par conséquent cinquante livres.

La statère d'or valait vingt drachmes, dix livres ; le talent attique soixante mines, et par conséquent mille écus.

Il y avait encore à Athènes une monnaie particulière marquée d'un bœuf, que Thésée fit frapper le premier, et qui valait deux drachmes.

La mine attique contenait vingt-cinq statères, ou, ce qui est la même chose, cent drachmes attiques.

La mine attique que l'on appelle l'ancienne valait soixante-quinze drachmes ; l'autre, que l'on nomme la nouvelle, valait cent drachmes.

Toutes les fois que les auteurs font mention de la mine il faut sous-entendre qu'ils parlent de la mine nouvelle, qui est plus forte d'un quart que l'ancienne, de même que le grand talent est plus fort d'un quart que le plus petit.

Mina nova habet epitriti proportionem ad minorem seu veterem minam, quemadmodùm et talentum majus, ad talentum minus, id est quartâ parte major est.

Les gouverneurs romains se servaient de différens prétextes pour couvrir leurs exactions. La loi julienne ordonnait aux villes et aux villages que traverseraient les gouverneurs de fournir à ces magistrats ainsi qu'à leur suite des fourrages et des bois à brûler. Les villes riches payaient de fortes contributions pour s'exempter de servir de quartier d'hiver à l'armée. Ainsi les habitans de Chypre payaient annuellement pour ce seul objet deux cents talents, === 12,000 mines, === 960,000 francs, monnaie de France.

Le talent était une monnaie grecque ; il équivalait à soixante mines ou six mille drachmes, qui faisaient également six mille deniers romains ou quatre mille trois cent cinquante livres tournois (ancienne monnaie). La valeur plus exacte du talent était quatre mille trois cent cinquante-neuf livres, ou quatre mille trois cent cinq francs. Ainsi deux cents talents ne répondent qu'à huit cent soixante-un mille francs.

La mine est aussi une espèce de mesure qui sert à mesurer les champs ; on l'appelle *modius* et *actus quadratus* ; le côté du carré est de cent vingt pieds.

MODIUM, ii, *n.*, plus souvent **MODIUS**, ii, *m.* Boisseau.

Mesure de secs et de liquides, contenant seize setiers ou la sixième partie du médimne attique, et le tiers de l'amphore romaine. Elle pèse seize livres.

On emploie souvent le modius pour mesurer les fruits de la terre.

« *Legati syracusani in senatum introducti nunciârunt victoriam auream pondo trecentûm viginti afferre sese ; advexisse etiam trecenta millia modiùm tritici, ducenta hordei, ne commeatus deessent.* » (Tite-Live.)

« Les ambassadeurs syracusains introduits dans le sénat annoncèrent qu'ils offraient une victoire d'or du poids de trois cent vingt livres ; ils avaient chargé en outre trois cent mille boisseaux de froment et deux cent mille boisseaux d'orge, afin que les armées romaines ne manquassent point de subsistances. »

Modiûm tritici. Le boisseau romain valait plus des trois quarts du nôtre.

« *Ducenta millia modiûm tritici Romam,*

ducenta ad exercitum in Macedoniam miserunt legati. » (TITE-LIVE.)

« Les ambassadeurs envoyèrent à Rome deux cent mille boisseaux de blé, autant à l'armée de Macédoine. »

Ducenta millia modiûm triciti, un peu plus de cent cinquante-quatre mille cent soixante-six boisseaux de Paris, ou douze mille huit cent quarante-sept setiers.

Le boisseau valait chez les Romains plus des trois quarts du nôtre.

« E siligine lautissimus panis, Pistrinarumque opera laudatissima; præcellit in Italiâ si campana Pisis natæ misceatur. Rufior illa, at pisana candidior, ponderosiorque cretacea. Justum è grano campanæ quam vocant castratam è modio redire sextarios quatuor siliginis, vel è gregali sine castratura sextarios quinque præftereâ floris semodium, et cibarii quod secundarium vocant, sextarios quatuor, furfuris sextarios totidem; e Pisana autem siliginis sextarios quinque : cætera paria sunt. »

« On fait de *siligo* un pain excellent et parfaitement bien pétri, et le chef-d'œuvre de la boulangerie; le meilleur se fait en Italie, pourvu qu'on y mêle du *siligo* de Campanie avec celui de Pise. Le siligo (froment de la plus belle qualité) de Campanie est plus roux; celui de Pise plus blanc. Tout *siligo* qui vient d'une terre crétacée est plus pesant. Celui de Campanie, quand il est bien net, rend ordinairement par boisseau quatre setiers de fleur de farine; et quand il n'est pas bien net, il en rend cinq et un demi-boisseau de farine blanche; de plus il rend quatre setiers de grosse farine à faire le pain bis et quatre setiers de son. Le siligo de Pise rend par boisseau cinq setiers de fleur de farine, et pour le reste il est comme celui de Campanie. »

« Manius Marcius ædilis plebis primum frumentum populo in modios assibus donavit. »

« Lucius Minucius Augurinus, qui Sp. Melium coarguerat, farris pretium in trinis nundinis ad assem redegit. » (PLINE.)

« Manius Marcius, étant édile, fut le premier qui donna le blé au peuple romain à raison d'un *as* le boisseau. L. Minucius Augurinus, qui avait découvert les mauvais desseins de Sp. Mélius, fournit du froment en trois marchés divers à un as le boisseau. »

L'as ou l'ancien sous romain, suivant Desplaces, revient environ à dix deniers, monnaie de France.

Le boisseau romain était à peu près égal au boisseau français. Celui de Paris doit avoir, suivant l'ordonnance de 1666, huit pouces deux lignes sur dix pouces de large ou de diamètre, d'un fût à l'autre.

Le modius ou boisseau romain, mesure de secs, contenait la troisième partie d'une amphore. L'amphore contenait quatre-vingts livres pesant d'eau; par conséquent le boisseau en contenait vingt-six livres et demie et un sixième pesant.

MONETA, æ, *f.* νόμισμα, pecunia signata formâ publicâ.

Numus, Nummus, à Junone Moneta.

Pièce de métal marquée au coin et aux armes de l'état. Chez les Romains ce coin public dont la marque était empreinte était imposé par les triumvirs ou les magistrats qu'on appelait *monétales*.

Numa fit tailler grossièrement des morceaux de cuivre d'une livre de douze onces sans aucune marque. On les nommait comme nous l'avons dit, à cause de leur forme brute, *œs rudis*, et c'était ce qui tenait lieu de monnaie.

Servius Tullius changea cette forme grossière, et fit fabriquer des pièces rondes du même poids avec l'empreinte de la figure d'un bœuf.

On les nommait *as libralis* parce qu'elles pesaient une livre.

L'an 485 on commença à fabriquer des monnaies d'argent auxquelles on imposa un nom par rapport aux espèces de cuivre, et vers l'an 547 on en fit d'or. D'abord on n'employa que l'or et l'argent purs et sans mélange; mais vers le déclin de la république on commença à mêler du cuivre, et à altérer les monnaies. Les premières pièces qu'on fabriqua furent des deniers d'argent, et leur empreinte était assez communément une tête de femme coiffée d'un casque, représentant la ville de Rome, ou une Victoire menant un char attelé de deux ou de quatre chevaux de front, ce qui faisait, comme nous l'avons dit, appeler ces pièces *bigati* ou *quadrigati*; et sur le revers était gravée la figure de Castor et de Pollux.

César fut le premier qui fit mettre sa tête pour empreinte sur les monnaies. Plusieurs de ses successeurs firent fabriquer des espèces d'or et d'argent qui portèrent leurs noms, comme des *Philippes*, des *Antonins*, et autres.

Il y avait dans Rome quatre endroits où l'on battait monnaie, dont chacun avait sa marque particulière pour les distinguer. Ceux qui en avaient la direction s'appelaient *monetales*; les ouvriers qui travaillaient à faire la monnaie s'appelaient *monetarii*.

Phidon, roi d'Argos, contemporain de Lycurgue, introduisit le premier la monnaie en Grèce.

La forme des premières monnaies était assez semblable à de petites broches de fer ou d'airain, et de là elles furent nommées oboles, mot qui en grec signifie broche.

Moneta dérive du surnom de Junon (*Moneta*), dans le temple de laquelle on battait monnaie.

« Æra dabant olim; melius nunc omen in auro est:
  Victaque concedit prisca moneta novæ. »
  (Ovid.)

« Autrefois on donnait du cuivre; maintenant l'or est d'un meilleur présage: la monnaie ancienne avoue sa défaite, et le cède à la nouvelle. »

Junon, dit M. Noël, fut nommée *Moneta* pour avoir averti les Romains d'un tremblement de terre.

D'autres disent que dans la guerre contre Pyrrhus et les Tarentins les Romains adressèrent des prières à Junon. Elle leur répondit que l'argent ne leur manquerait pas s'ils agissaient avec justice dans ces guerres. Les Romains vainqueurs rendirent leurs hommages à Junon Monéta, *Monitrix*, de *moneo*, c'est à dire *consultrix*. Ils décrétèrent qu'on battrait monnaie dans son temple.

Monéta est aussi le surnom de Mnémosyne, mère des muses.

« Les Romains, sous le règne de Romulus ne firent, selon Festus, frapper aucune sorte de monnaie. Ils en avaient cependant d'or et d'argent; mais elles leur venaient d'Illyrie, et passaient pour marchandises. Le roi Servius Tullius fut le premier qui fit frapper une monnaie de cuivre, sur laquelle il mit un bœuf ou une brebis, d'où est venu le mot *pecunia*, ces sortes d'animaux étant du nombre de ceux qu'on appelait *pecus*. Dans la suite on y imprima une tête de Janus, ou une femme armée, avec l'inscription *Roma*. » (Pline, l. XXXIII, c. 3.)

Sous les rois et dans les premiers siècles de la république le cuivre était presque la seule monnaie qui servît aux besoins ordinaires de la société. Depuis ce temps, le mot *œs* a signifié toute sorte de monnaie, et *ærarium* le trésor public. L'argent était rare et d'un prix extrêmement supérieur à celui du cuivre. La monnaie de cuivre consistaient en différentes pièces appelées *as*, *semis* ou *semissis*, *triens*, *quadrans*, *sextans*.

L'as romain était une grosse pièce de cuivre qui dans le commencement pesait une livre, et la livre contenait douze onces; mais il ne resta pas long-temps dans cet état, car dès la première guerre punique on fixa le poids de l'as à deux onces. Peu après les Romains pressés par Annibal le réduisirent au poids d'une once; et enfin par la loi *Papiria* il fut fixé à une demi-once, où il resta jusqu'à la fin de la république.

Le *semis* ou *semissis* était d'abord une pièce de six onces marquée de la lettre S, qui signifiait *semis*.

Le *triens*, ou pièce de quatre onces, était marqué de quatre gros points en relief; cette espèce de monnaie s'appelait à cause de cela *as signatum*.

Le *quadrans*, ou quatrième partie de l'as, pesait deux onces, et portait pour marque trois gros points.

Le *sextans*, ou sixième partie de l'as,

pesait deux onces, et portait pour marque deux points.

Ces différentes monnaies de cuivre éprouvèrent les mêmes changemens et les mêmes diminutions que l'*as*, chacune à proportion de sa valeur.

Si l'on en croit Pline, l'argent ne commença à être monnayé que l'an de Rome 485, cinq ans avant la première guerre punique. Jusque là le cuivre avait été pour ainsi dire la seule monnaie des Romains; mais en peu de temps l'argent étant devenu général, il avilit le cuivre, qui avait suffi à la noble médiocrité des anciens citoyens.

On ne parla plus que d'argent : il servit presque seul à désigner les grandes comme les petites sommes. On fut dès lors obligé, pour la facilité du commerce, de fabriquer des pièces d'argent qui différaient en poids et en valeur, telles que le denier, le quinaire et le sesterce.

Dans le commencement on ne tailla que quinze deniers d'une livre de métal pesant douze onces; mais les changemens rapides qu'éprouva la monnaie romaine ne permettent pas de croire que cet usage subsista longtemps. En effet, à en juger par les deniers appelés *consulaires*, les plus forts de tous, on voit qu'ils étaient de quatre-vingt-quatre à la livre, ce qui faisait sept à l'once, et le denier pesait soixante-quinze grains.

Lorsque le denier d'argent fut frappé on lui donna la valeur de dix livres de cuivre; le quinaire, qui était la moitié du denier, en valait cinq, et le sesterce, qui était la moitié du quinaire, en valait deux et demie. Les deniers portaient deux marques : d'un côté on y imprimait des *biges* et des *quadriges*, ce qui leur donna le nom de *bigati* et de *quadrigati*. Ceux sur lesquels on imprimait une Victoire s'appelaient *victoriati*; de l'autre côté était une tête de Janus, ou une femme armée, avec l'inscription *Roma*, ou autre chose semblable. Le denier, malgré sa variation, conserva aussi la lettre X, marque de sa valeur primitive, laquelle, sur quelques médailles, est coupée au milieu par une barre transversale.

Le sesterce, qui valait la moitié du qui-naire et le quart du denier, portait pour marque ces lettres H S, ou II S, qui signifient *duo* et *semis*, deux as et demi.

Pline nous apprend encore que l'or ne fut mis en monnaie à Rome que soixante-deux ans après qu'on eut commencé à y frapper l'argent. Dans le commencement l'or moins connu était aussi moins employé. Une seule pièce suffisait aux besoins de la vie civile; c'était celle qu'on appelait *aureus*; mais après que l'abondance de la matière en eut accrédité l'usage, on fabriquait des espèces qui ne faisaient que la moitié et le tiers de l'*aureus*; on les appelle *semissis* et *tremissis*; et pour distinguer l'*aureus* des autres pièces qui en faisaient partie, on lui donna le nom d'*entier* ou de *solidus*, d'où est venue l'origine de notre mot sou.

Sur ces monnaies étaient imprimées, comme sur toutes les autres, certaines marques particulières; on y voyait une tête de la déesse *Roma*, un Janus, un Mars, Castor et Pollux, ou d'autres semblables, avec des lettres qui exprimaient le nombre des deniers d'argent qu'elles valaient. On voit encore des *aureus* dont les uns pèsent à peu près autant que nos louis, et d'autres un peu moins.

C'est à cause de ces différentes marques ou figures imprimées sur les pièces de cuivre, d'argent ou d'or, que les Latins appelaient ces monnaies *æs signatum*, *argentum signatum*, et *aurum signatum*.

Le *semissis*, ou moitié de l'*aureus*, était marqué des lettres XV pour signifier qu'il valaient quinze deniers d'argent.

Le *tremissis*, ou sixième partie de l'*aureus*, pesait un scrupule, qui est la treizième partie d'une drachme, avec ces deux lettres XX, qui signifient qu'il valait vingt sesterces, ou vingt deniers d'argent. C'est Pline qui nous apprend que le scrupule d'or valait vingt sesterces.

Au reste, comme les monnaies des anciens ont été réduites en plusieurs circonstances, et que d'ailleurs il est entré plus ou moins d'alliage dans celles d'or et d'argent, il est devenu presque impossible d'en tirer la valeur relativement à celle de notre monnaie.

Le précis précédent provient de ce passage de Tite-Live.

« Intereà in urbe signandi argenti primum initium fuit, auctis jam successu rerum opibus, cùm ad eam diem æs tantummodò Romæ in promiscuo pecuniæ usu fuisset; sunt autem denarii quinariique ex argento cusi, qui pro libris totidem æris essent; aliique minores, qui dupondio et semisse cum æstimarentur, ex eo sunt sestertii appellati. *Moneta* dicta, quia æde Junonis capitolinâ cuderetur. »

« Jusqu'à ce temps (an de Rome 403) on n'avait point encore vu à Rome d'argent monnayé ni marqué au coin de la république; on n'avait employé que des pièces de cuivre dans le commerce. Mais les richesses s'étant accrues avec l'empire, on commença à fabriquer des pièces d'argent de dix et de cinq as, qui répondaient à autant de livres de cuivre, et d'autres encore plus petites qui, équivalant à deux livres et demie de cuivre, furent appelées sesterces. Toutes ces pièces étaient désignées par le nom général de *monnaie*, parce qu'elles étaient frappées dans le temple de Junon *Moneta*, ainsi nommée elle-même. »

Signandi, etc. Toutes les pièces d'or et d'argent qu'on avait eues jusque là à Rome y étaient venues des pays étrangers, ou avaient été prises sur les ennemis, mais n'avaient point été mises dans le commerce, et n'y étaient que sur le pied de marchandises. (*Note de Guérin.*)

N

NUMISMA, pièce de monnaie, médaille.

« Tractabile jussit
Principis in vultus nunc mollius ire metallum. »
(Saut.)

« Il ordonna que le métal devînt flexible, s'amollît et reçût l'effigie du prince. »

Numisma exprime tout argent marqué, *pecunia signata*, *nummus*.

« Chærilus incultis qui versibus et malè natis
Rettulit acceptos regale numisma philippos. »
(Hor.)

« Chérilus, tout mal habile qu'il était, ne laissa pas de plaire à Alexandre, et d'en tirer une grosse somme d'argent pour des vers où l'art et le génie manquaient absolument. »

« Cum data sint equiti bis quina numismata, quare
Bis decies solus, Sextiliane, bibis? »
(Mart.)

« On ne donne à chaque chevalier que dix sesterces; et vous seul, Sextilianus, pourquoi en buvez-vous la valeur de vingt? »

Les Romains avaient réglé la dépense des festins par des lois somptuaires. Une de ces lois arrêtait à dix nummes la consommation en vin que pouvait faire un chevalier: le mot *numismata* ne signifie point ici médaille, selon son acception commune. Numisma se disait quelquefois pour *nummus sestertius*, sesterce valant à peu près un sou de notre monnaie. Les empereurs faisaient distribuer au peuple dans les théâtres quelques pièces de ce genre, destinées aux rafraîchissemens des spectateurs. Les chevaliers en ce cas recevaient pour leur part dix sesterces.

NUMMULARII, *vel pecuniæ spectatores*, les essayeurs des monnaies (*ad quos nummi probandi causâ deferebantur, an probi essent, cujus auri, an subærati, an æqui ponderis, an bonæ fusionis.*)

Triumviri monetales qui devaient surveiller les monnaies (*qui auro, argento, æri, flando, feriundo præerant*), expression latine qu'on indiquait souvent par les lettres initiales, A. A. F. F., suivant le conseil de Mécène à Auguste. La circulation des seules monnaies romaines était permise dans les provinces.

MUMMUS, i, m. **NUMUS**, i, m. Numme denier sou, toute monnaie frappée (*pecunia signata*); monnaie, *numisma*.

Ce mot *nummus* paraît être sicilien. « In argentos, inquit Varro, nummi: id à Siculis... »

D'après des passages de Varron on peut conclure que *nummus* se dit particulièrement de la monnaie d'argent et généralement d'une monnaie quelconque.

« Nummus primo et propriè dicitur ex Varrone de pecunia argentea passim tamen de quâcumque. »

Il se dit spécialement d'un argent (*pecunia*) très usité chez les Romains, qui, sous un autre nom, est appelé *sestertius*; on dit *nummus sestertius* ou simplement *sestertium*. Il en est même du denier chez les Grecs.

« Nummo et nummis sestertio vendere, æstimare, etc., latinè est nullo aut vilissimo pretio. »

« In genitivo plurali si cum *sestertium* jungitur, nummum dicimus, ita usu postulante. Si cum adjectivis numeralibus, *nummûm* sæpius quàm *nummorum*; quadringentena millia nummorum. His *nummus* sestertius intelligitur, ut suprà dictum est. » (PLINE.)

On lit dans un autre passage de Pline que nous avons cité: « Aureus nummus post annum LXII percussus est quàm argenteus. »

« Suffragiis omnium tribuum damnatus (L. Postumius), eique lis ducentis millibus nummûm æstimata est » (TITE-LIVE.)

« Il (Postumius) fut condamné par les suffrages de toutes les tribus à une amende de vingt-cinq mille livres. »

Guérin, qui traduit une amende de vingt-cinq mille livres, ajoute ces observations: 200,000 sesterces font à peu près cette somme de notre monnaie: il faut se souvenir que c'est ainsi que j'en fais ordinairement l'évaluation, sans m'astreindre à un calcul rigoureux, exprimant plus souvent nos espèces, qui sont connues du lecteur, que celles des Romains, qui ne le sont pas de tout le monde.

Cette seule note de Guérin, qui est citée par M. Dureau de La Malle, prouve la nécessité de cet ouvrage.

Nous avons remarqué que le même traducteur fixait l'as des Romains à peu près à un sou français; le sesterce peut être réduit à deux sous et demi, leur denier à dix sous, etc.

« Mille tibi nummos hesterna nocte roganti
In sex aut septem, Ceciliane, dies,
Non habeo, dixi: sed tu, caussatus amici
Adventum, lancem, paucaque vasa rogas.
Stultus es? an stultum me credis, amice? negavi
Mille tibi nummos: millia quinque dabo? »
(MART.)

« La nuit dernière, j'ai refusé de te prêter mille sesterces pour six ou sept jours; mais sous le prétexte de l'arrivée d'un ami tu viens m'emprunter un bassin et quelques ustensiles de ménage. Es-tu fou? ou crois-tu que je le sois moi-même, mon ami? Je n'ai pas voulu te donner mille sesterces, et tu crois que je vais t'en confier cinq mille? »

« Quòd te manè domi toto non vidimus anno,
Vis dicam quantum, Posthume, perdiderim?
Trecenos, puto, bis; vicenos ter, puto,
nummos:
Ignosces; togulam, Posthume, pluris emo. »
(MART.)

« Pour n'avoir pas été te saluer chaque matin pendant le cours de l'année, veux-tu que je te dise, Posthumus, combien j'ai perdu? deux fois trente et trois fois vingt sesterces, à ce que je pense. Tu me pardonneras, Posthumus; une toge me coûte davantage. »

« Nec noster quidem Gratidianus officio boni viri functus est tum cùm prætor esset, collegiumque prætorum tribuni plebis adhibuissent ut res nummaria de communi sententiâ constitueretur: jactabatur enim temporibus illis nummus sic ut nemo posset scire quid haberet. » (CICER.)

« Gratidianus, notre parent, étant préteur, fit aussi une action qui n'était pas d'un honnête homme: les préteurs et les tribuns s'étaient assemblés pour faire un règlement touchant les monnaies, dont le prix changeait à toute heure en ce temps-là; en sorte que personne ne pouvait dire quel bien il avait. »

« Es modicus voti, presso lare, dulcis amicis?
Jam nunc astringas, jam nunc granaria laxes;
Inque luto fixum possis transcendere nummum? »
(PERS.)

« Êtes-vous modéré dans vos vœux, content d'une fortune médiocre, doux et complaisant pour vos amis? Ouvrez-vous, fermez-vous vos greniers à propos? Passeriez-vous sans vous baisser sur un écu attaché à terre. »

Nummus ou *numus*, pièce de monnaie d'or, d'argent, dit M. Noël.

« Crescit amor nummi quantùm ipsa pecunia crescit. »   (OVIDE.)

« L'amour de l'or croît autant que l'argent même. »

Nummorum effundere saccos, répandre des sacs d'argent.

Les synonymes de *nummus* sont *numisma*, l'argent, *pecunia*; l'argent, *argentum*, et l'or, *aurum*.

« Consultò ab accusatoribus ejus rei quæ conflavit hoc judicium mentio facta non est. Quæ res ea est? Bona patris hujusce Sex. Roscii, quæ sunt sexagies : quæ de viro fortissimo et clarissimo L. Sylla, quem honoris causâ nomino, duobus millibus nummûm se dicit emisse adolescens, vel potentissimus hoc tempore nostræ civitatis, L. Cornelius Chrysogonus. » (CICER.)

« Les accusateurs ont eu grand soin de ne rien dire de l'objet qui a donné lieu à toute cette procédure. Quel est donc cet objet? Ce sont les biens de Sex. Roscius, père de celui que je défends, estimés six millions de sesterces, et que Lucius Cornelius Chrysogonus, jeune homme le plus puissant qu'il y ait aujourd'hui dans Rome, dit avoir achetés de l'illustre et magnifique Sylla (que je nomme ici avec toute la considération qui lui est due) moyennant la somme de deux mille sesterces. »

Le sesterce (*sestertius*) était le quart du denier romain; il y avait huit deniers dans l'once; l'once valait six francs cinquante-sept centimes de notre monnaie actuelle, ce qui donne pour le denier quatre-vingt-cinq centimes, dont le quart est à peu près vingt centimes ou quatre sous. C'est sur ce pied que nous évaluerons les monnaies romaines. Les écrivains qui jusqu'ici n'ont compté le sesterce que deux sous, 2 1/2 sous, sont partis d'un calcul fait dans un temps où le marc d'argent n'était compté que pour vingt-six ou vingt-sept livres tournois. Ce qui ne remonte pas plus haut que le fameux système de Law.

Le sesterce était donc à peu près la cinquième partie d'un franc, il ne s'agira que de diviser le nombre des sesterces par cinq pour avoir la somme en francs. Ainsi 6,000,000 de sesterces feront 1,200,000 francs, valeur réelle des biens de Roscius. Chrysogonus achète ces mêmes biens 2000 sesterces, c'est à dire 400 francs; c'est bien peu, encore peut-être ne les payait-on pas : on en faisait mention pour la forme, *dicis causâ*.

Le traducteur dit que le quart de 85 c. est à peu près 20 c. ou 4 sous. le quart de 85 c. est 21 c. ╳ 1/4. Cette différence est trop considérable pour être négligée quand elle est répétée tant de fois.

« Macedonibus treceni nummi in capitas tatutum est pretium. » (TITE-LIVE.)

« On exigea des Macédoniens trois cents deniers par tête. »

Treceni nummi. Tite-Live ne spécifie pas la nature de cette monnaie, si elle était grecque ou romaine. Crévier conjecture que c'étaient des drachmes, fondé sur la rançon à laquelle Annibal taxa les Romains par tête après la bataille de Cannes. Tite-Live y parle de *quadrigati nummi*. Or ces *quadrigati* étaient des deniers romains correspondans aux drachmes grecques.

NUMMUS PHILIPPUS.

Tulit (L. Scipio) in triumpho signa militaria ducenta triginta quatuor, eburneos dentes mille ducentos viginti, aureas coronas ducentas viginti quatuor, argenti pondo centena triginta septem millia et CCCCXX, tetradrachmûm ducenta viginti quatuor millia, cystophorûm trecenta triginta unum millia LXX; nummos aureos philippeos CXL millia; vasorum argenteorum (omnia cælata erant) mille pondo et CCCCXXIV; aureorum mille pondo XXIV. Militibus quini viceni denarii dati. » (TITE-LIVE.)

« Le triomphateur (L. Scipion) fit porter

devant lui deux cent trente-quatre drapeaux, les représentations de cent trente-quatre villes, douze cents dents d'ivoire, deux cent vingt-quatre mille tétradrachmes attiques, trois cent trente-un mille soixante-dix cystophores, cent quarante mille philippes d'or, des vases d'argent tout ciselés dont le poids total était de quatorze cent vingt-quatre livres, des vases d'or du poids de mille vingt-quatre. Chaque soldat eut une gratification de vingt-cinq deniers. »

Nummos aureos philippeos CXL *millia.* Les philippes valaient, suivant la plus commune opinion, environ vingt-cinq sous. (GUÉRIN.)

Crévier évalue cette dernière somme à quatre mille trois cent soixante-quinze de nos marcs d'or.

Vasorum argenteorum pondo; deux mille deux cent vingt-cinq marcs d'argent.

Aureorum, seize cents marcs d'or.

Quini viceni denarii, trois onces douze grains d'argent. (*Note de Crévier.*)

« Hunc si percontéris avi cur atque parentis
Præclaram ingrata stringat malus ingluvie rem,
Omnia conductis coemens obsonia nummis,
Sordidus atque animi quòd parvi nolit haberi
Respondet. »   (HOR.)

«Si vous demandez à celui-là pourquoi il dépense les biens immenses que son père et que son grand-père lui ont laissés, et pourquoi même il emprunte de l'argent pour voir sa table couverte des mets les plus exquis? Moi, vous dira-t-il, je ne veux point passer pour avare ni pour avoir l'âme basse.»

« Fufidius vappæ famam timet ac nebulonis,
Dives agris, dives positis in fœnore nummis,
Quinas hic capiti mercedes exsecat. » (HOR.)

« Fufidius, si riche en fonds de terre, et qui fait si bien valoir son argent, craint de passer pour un fripon et un débauché; de cent écus qu'il prête, il en prend cinq d'intérêt par mois et même davantage. »

Nummos alienos pascet, il empruntera à usure.

« Luculli miles, collecta viatica multis
Ærumnis, lassus dùm noctu stertit, ad assem
Perdiderat : post hoc vehemens lupus et sibi
   et hosti
Iratus parites, jejunis dentibus acer,
Præsidium regale loco dejecit, ut aiunt,
Summè munito, et multarum divite rerum,
Clarus ob id factum, donis oneratur honestis :
Accipit et bis dena super sestertia nummùm. »

«Un soldat de l'armée de Lucullus fut volé une nuit qu'il dormait profondément; on lui enleva le peu d'argent qu'il avait amassé avec des peines inconcevables; il ne lui restait pas un sou : le voilà comme un loup affamé; il entre en fureur contre lui-même et contre l'ennemi; enfin il vient à bout de chasser la garnison de la citadelle, bien fortifiée, à ce qu'on dit, et où il y avait des richesses immenses. Après s'être signalé par une si belle action, on lui fait d'honorables présens, on lui donne de plus pour récompense deux cents pistoles. »

(TARTERON.)

« Paulatim mercaris agrum, fortassè trecentis
Aut etiam supra nummorum millibus emptum.
             (HOR.)

« Vous achetez peu à peu une terre qui a coûté dix mille écus, et peut-être davantage.»

O

OBOLUS, i, *m.*, ὀβολός. L'obole était la sixième partie d'une drachme, et valait vingt deniers.

L'obole était une petite pièce de cuivre, une petite monnaie en usage chez les Grecs, comme le quadrant ou le teruncius chez les Romains. L'obole est le plus petit des poids, comme le talent en est le plus grand.

« Num nihil his, obolove minus, majusve talentum. »   (FANN.)

Celsus dit que son poids était la sixième partie du poids d'un denier. On divise l'obole en demi-obole (*semobulus*) et en dix autres petites pièces nommées *chalci* (chalques.)

Le poids de la drachme attique égale six oboles.

L'obole vaut dix *chalci*.

Du temps de Polybe, la paie des fantassins était de deux oboles, un peu plus de trois sous (suivant l'estimation de Rollin), et celles des cavaliers était de six oboles.

L'obole était la sixième partie d'un denier ou d'une drachme.

Quelques auteurs modernes donnent des anciens poids grecs d'autres évaluations que celles que nous avons citées. Suivant eux, 6 chalci = 1 obolus; 6 oboli = 1 drachme; 2 drachmes = 1 didrachme; 20 drachmes = 1 statera d'or ou aureus, 100 drachmes = 1 mine attique, 60 mines attiques = 1 talent attique ou cubique; 10 talens attiques = 1 talent d'or.

Il y avait aussi une mine plus petite contenant 75 drachmes.

Nous verrons au mot talent que le talent attique est bien différent du talent euboïque, car l'un vaut un tiers plus que l'autre. Nous avons fait voir que les écrivains modernes ne s'accordaient pas entre eux sur les poids grecs.

OXIBATOU, mot grec qui dérive de ὀξύς et βαθύς, nom d'une ancienne mesure de liquides grecque valant 1 1/2 cyathe.

P

PALESTE. Nom d'une ancienne mesure de longueur grecque : 1 paleste = 4 dactyles : 4 palestes = 1 pied.

PALMA, æ, *f.* V. PALMUS.

PALMUS, i, *m.* Paume, mesure. On distingue deux sortes de paume (*palmus*) la petite et la grande. La petite (*minor*) est de quatre doigts serrés; elle est la quatrième partie du pied, le pied étant de seize doigts. La grande (*major*) est de douze doigts, c'est à dire qu'elle égale l'espace qui existe entre le pouce et le petit doigt étendus.

On l'appelle aussi *dodrans*, parce qu'il manque un quart pour compléter le pied. Cette mesure dérive de *palma* (paume de la main).

On emploie *palmus* pour *palma*.

« Amomum frutex myrtuosus, palmi altitudine. » (PLIN.)

PARASANG. Nom d'une ancienne mesure itinéraire juive : le parasang = 3 milles orientaux.

PASSUS, us, *m.* Pas. L'auteur du voyage du jeune Anacharsis dit que le pas romain composé de 5 pieds peut être de 4 de nos pieds 6 pouces 5 lignes.

Ce mot *passus* dérive de *pedibus passis*, pieds étendus. Il y a deux sortes de pas, l'un simple et petit, qui est aussi appelé *gressus*; c'est une mesure de deux pieds et demi.

«Tantùm enim ferè in progrediendo spatii est inter digitos prioris pedis et calcaneum posterioris.»

Le second qui est plus grand est appelé géométrique. V. GRESSUS.

«Ad fossas cluilias quinque ab urbe millia passuum castris positis, populatur (Coriolanus) indè agrum romanum.» (T.-LIV.)

«Après avoir établi son camp aux fosses cluiliennes, à cinq mille pas de la ville, Coriolan en dévasta tout le territoire.»

«Inchoabat (Nero) fossam ab Averno Ostiam usque longitudinis per centum sexaginta millia, latitudinis quâ contrariæ quinqueremes commearent.» (SUÉT.)

«Depuis le lac Averne jusqu'à Ostie, Néron voulait creuser un canal de cent-soixante milles de long, et assez large pour que deux galères à cinq rangs de rames pussent s'y rencontrer.»

Passus, un pas = 5 pieds comprenant la distance entre le point où le pied se lève et celui où il se pose, c'est à dire la double distance qui se trouve entre le pied en avant et le pied en arrière quand on marche, et qu'on appelle aussi pas, *gradus* vel *gressus*.

«Degressus Apennino retro ad Placentiam castra movit (Annibal), et ad decem millia progressus consedit.» (T.-L.)

«Annibal, renonçant à passer l'Apennin, revint sur ses pas du côté de Plaisance, et alla camper à dix milles environ de cette ville.»

Decem millia. Rollin évalue ces dix milles à trois lieues.

«Ipse (Marcellus) hibernacula quinque passùm Hexapylo (Leonta vocant locum) communiit ædificavitque.» (T.-L.)

«Pour lui (Marcellus) il établit ses quartiers d'hiver à cinq milles de l'Hexapyle, dans un endroit nommé Léonte, où il eut soin de se retrancher.

Quinque millia passuum. Thucydide place ce petit bourg à six ou sept stades d'Epipole.

«Ceterum sita Carthago sic est : sinus est maris mediâ ferè Hispaniæ orâ, maximè Africo vento oppositus et quingentos passus introrsus retractus, paululo plus passuum in latitudinem patens.» (T.-L.)

«Au reste telle est la situation de Carthage : vers le milieu de la côte d'Espagne est un golfe opposé surtout au vent d'Afrique; ce golfe s'avance dans les terres, sur une longueur de plus de deux mille cinq cents pas et sur une largeur de plus de douze cents.

Quingentos passus. Il faut lire d'après Polybe : ad bis mille et quingentos passus; ainsi qu'à la ligne d'après : paululo plus mille et ducentorum passuum. (Note de CREVIER.)

«Quatuor hinc rapimur viginti et millia rhedis.» (HOR.)

«Nous prîmes ensuite une voiture qui nous conduisit fort vite à douze lieues de là.» (TARTERON.)

«Verumtamen, quid si, inquit, habes ejus modi causam, ut hoc tibi planum sit faciendum neminem esse qui possit biduo aut summum triduo septingenta millia passuum ambulare.» (CICÉR.)

«Cependant il insistait toujours; mais, me dit-il, s'il est vrai que toute la cause que vous aurez à défendre consiste à prouver qu'il n'y a pas d'homme au monde qui puisse faire en deux ou trois jours au plus sept cent mille pas, craindrez-vous de pouvoir soutenir cela devant Hortensius?»

Septingenta millia passuum, trois cent cinquante lieues. 1 lieue = deux mille pas.

«Tum illam incredibilem celeritatem, seu potiùs audaciam protuli : confirmari necesse esse biduo DCC millia passuum esse decursa.» (CICÉR.)

«J'ai mis devant les yeux cette célérité ou plutôt cette audace incroyable, et j'ai prouvé qu'il a fallu faire une route de sept cents milles en deux jours.»

DCC millia passuum, environ deux cent

trente-trois de nos lieues communes, en supposant que le mille d'Italie soit le tiers d'une de nos lieues communes.

On dit *passûm* pour *passuum*.

« Babylon chaldaicarum gentium caput diù summam claritatem obtinuit in toto orbe, propter quam reliqua pars Mesopotamiæ Assyriæque Babylonia appellata est, sexaginta millia passuum, amplexa muris ducenos pedes altis, quinquagenos latis, in singulos pedes ternis digitis mensurâ ampliore quàm nostrâ, interfluo Euphrate, mirabili opere utroque. » (Pl.)

« Babylone, capitale de la Chaldée, a été long-temps regardée comme la plus célèbre ville du monde; elle donnait autour d'elle le nom de Babylonie à la Mésopotamie et à l'Assyrie. Elle avait un circuit de soixante et dix mille pas; des murs hauts de deux cents pieds et larges de cinquante, encore sont-ce des pieds babyloniens, chacun plus grand de trois pouces que le nôtre. »

PECUARIUS, i, *m.* Fermier des pâturages publics.

PECUNIA, æ, *f.* Nous avons dit que dans le temps que l'on ne faisait que des échanges les plus grandes richesses consistaient en bestiaux; on fit imprimer leur figure ou celle de leur tête sur les premières monnaies qui furent fabriquées, et Cassiodore remarque que les Latins appelèrent *pecunia* la monnaie du mot de *pecus*, qui signifie toute sorte de bétail; c'était un nom qu'ils avaient emprunté des Gaulois.

Pecunia (*pecus*, parce que l'empreinte de la première monnaie était un animal, dit M. Noël) argent monnayé.

« Et genus et formam regina pecunia donat. »

(Horace.)

« Familiæ aliquot cum mapalibus pecoribusque suis (ea pecunia illis est) persecuti sunt regem (Masinissam). » (T.-L.)

« Quelques familles suivirent Masinissa, avec leurs cabanes portatives et leurs troupeaux, qui font toute la richesse du pays. »

Ea pecunia illis est. Pecunia vient de *pecus*, soit parce que c'était en troupeaux que consistait la richesse des premiers temps, soit parce que les premières monnaies avaient pour empreintes des têtes de bestiaux.

(*Note de Crévier.*)

« Annibal postquàm vectigalia quanta terrestria maritimaque essent et in quas res erogarentur animadvertit, et quid eorum ordinarii reipublicæ usus consumerent, quantùm peculatus averteret, omnibus residuis pecuniis exactis, tributo privatis remisso, satis locupletem rempublicam fore ad vectigal præstandum Romanis pronuntiavit in concione, et præstitit promissum. » (T.-L.)

« Annibal, après avoir pris une exacte connaissance du montant des revenus publics, tant maritimes que terrestres, de leur destination, des charges ordinaires de l'état et des sommes que le péculat détournait, promit en pleine assemblée qu'en faisant rentrer dans les caisses les fonds dont les particuliers étaient restés détenteurs la république serait désormais assez riche pour acquitter le tribut dû aux Romains sans grever les citoyens de taxes nouvelles, et tint sa parole. »

Residuis pecuniis. On appelait ainsi les deniers qui, affectés à quelque dépense publique, n'avaient point rempli leur destination, et restaient dans les mains des comptables avec dessein de se les approprier; de là l'accusation *de residuis* dans les jurisconsultes. (Variorum.)

PENSIO, onis, *f.* Paiement.

Les Romains faisaient ordinairement leurs paiemens par l'entremise d'un banquier (*mensarius*).

Les livres du débiteur et du créancier (*tabulæ vel codices accepti et expensi; mensæ rationes*) étaient tenus avec grand soin; de là *acceptum referre*, (Cicéron; et par les écrivains du dernier temps, *acceptum ferre*) marquer reçu du côté du débiteur. Le mot *acceptilatio* désigne l'acquittement du débiteur sans payer, *expensum ferre*, marquer du côté du créancier payé ou donné. *Expensi latio*, tenue des livres de comptes. *Ratio accepti atque expensi inter nos convenit*, nos comptes sont d'accord. *Rationem inducere, vel in tabulis rationem scribere*, établir un compte. L'usage d'écrire la somme sur le livre du banquier et de la souscrire de son nom fit naître les expressions *scribere nummos alicui, id est se per scriptum, vel chirographum obligare ut solvat*, promettre de payer. *Rationem accepti scribere*, emprunter. *Rescribere*, payer ou rendre les sommes reçues. Ainsi, *præscribere*, pour ordonner de payer ; d'où *præscriptio*, un mandat ou un ordre sur un banquier, et de là le mot *nomen* est pris pour une dette, pour la cause d'une dette, ou pour un article d'un compte. *Nomina facere*, contracter des dettes, donner une garantie du paiement en souscrivant la somme sur les livres du banquier, ou accepter cette garantie. *Exigere*, pour réclamer le paiement. Ainsi, *appellare de nomine, dissolvere*, pour acquitter, payer ; de même *solvere, expungere, explicare, expedire, transcribere nomina in alios*, prêter de l'argent au nom des autres. *Pecunia ei est in nominibus*, il a emprunté de l'argent.

In codicis extremâ cerâ nomen infimum in flagitiosâ liturâ, le dernier article de la page est couvert d'un brouillon mis avec une coupable intention.

Rationum nomina, articles de comptes. *In tabulas nomen referre*, enregistrer une somme reçue.

Multis Verri nominibus acceptum referre, inscrire du côté du débiteur plusieurs articles de sommes reçues par Verrès. *Hinc ratio cum Curtiis, multis nominibus, quorum in tabulis iste habet nullum, id est Curtiis nihil expensum tulit Verres.*

Aussi Cicéron plaidant contre Verrès dit souvent : « *Recita nomina, id est res, personas, causas, in quas tulle, aut quibus expensum tulit*, les comptes ou les divers articles d'un compte. *Certis nominibus pecuniam debere*, devoir d'après un compte certain. *Non refert parva nomina in codices*, de petites sommes. *Multis nominibus versuram ab aliquo facere*, emprunter plusieurs sommes pour acquitter une dette. *Permulta nomina*, plusieurs articles. Egalement pour un bon débiteur, *ego bonum nomen existimor*, je passe pour un homme de bonne foi, pour un bon débiteur. *Optima nomina non appellando fiunt mala; bono nomine centesimis contentus erat, non bono quaternas centesimas sperabat*, douze pour cent par an pour un bon débiteur, et quarante-huit pour cent pour un mauvais.

Nomina sectatur tironum, id est ut debitores faciat venatur, chercher à prêter aux mineurs, ce qui est défendu par les lois.

Cautos nominibus certis expendere nummos, id est sub chirographo bonis nominibus, vel debitoribus dare, prêter avec garantie à de bons débiteurs.

Locare nomen sponsu improbo, se rendre caution avec intention de tromper.

Comme les calendes étaient ordinairement l'époque des paiemens pour les intérêts d'argent, on les appelait *celeres, tristes*.

« Paulùm deliquit amicus;
Quod nisi concedas, habeare insuavis, acerbus;
Odisti et fugis, ut Drusonem debitor æris;
Qui, nisi cum tristes misero venère calendæ,
Mercedem aut nummos undè undè extricat amaras
Porrecto jugulo historias captivus ut audit. »
(Hor.)

« Votre ami ayant manqué dans une si petite chose, il n'y a qu'un fantasque qui puisse y trouver à redire. Vous lui en faites une affaire ; vous lui dites des duretés, et vous ne voulez non plus le voir qu'un débiteur veut voir Druson. Ce Druson est un terrible homme : si vous ne lui payez l'intérêt (*merces*) de son argent à l'échéance, ou si vous ne lui rendez le capital, il vous fatigue du récit des histoires qu'il a composées, et vous force, le poignard sur la gorge, à les entendre. »

« *Grata ea patribus admonitio fuit, jussisque referre consulibus decreverunt ut tribus pensionibus ea pecunia solveretur.* »
(Tite-Live.)

« Ces représentations furent bien reçues du

sénat; sur la proposition des consuls, il fut arrêté que cette dette serait acquittée en trois paiemens. »

« *Privati frequentes quibus ex pecuniâ quam M. Valerio M. Clodio consulibus mutuam dederant tertia pensio debebatur eo anno.* » (TITE-LIVE.)

« Une troupe de citoyens se présenta aux portes du sénat : c'étaient ceux qui, sous le consulat de Valérius et de Clodius, avaient prêté de l'argent à la république, et le troisième paiement de leur créance était échu cette année. »

« *Tertia pensio.* Le second paiement n'avait pas encore été acquitté; le dernier ne le fut que l'an de Rome 556. » (*Note de Crevier.*)

PES, PEDIS, m. Mesure qui, ajoutée cinq fois, forme le pas (*passus*).

Cette mesure se compose de quatre paumes (*palmus*), dont chacune est de la longueur de quatre doigts pris en travers (*transversi*). Le pied est de seize doigts.

Le pied se divise en douze parties ou onces, comme l'*as*.

Nous avons vu que selon Pline le pied babylonien était plus long de trois doigts que le pied romain.

On emploie généralement ce mot pour désigner une mesure, la quantité entière d'une chose quelconque, *universa cujuspiam rei quantitas*.

« *Exiguæ sæpe areæ in multus usus describentibus arte patuere, et quamvis angustum pedem dispositio fecit habitabilem.* » (SÉNÈQ.)

« Souvent de petits emplacemens ont reçu de l'extension, et ont servi à différens usages par l'art de celui qui en traçait le plan. Un plan bien conçu rend habitable un espace très étroit. »

Pes, un pied, = 16 doigts ou 3 pouces. Le pied romain = 10 pouces, 10 lignes 3/5 du pied français (ancienne mesure).

POLLEX, ICIS, m. Pouce, douzième partie du pied.

PONDO. Les Romains exprimaient quelquefois les sommes par poids (*libræ pondo*), id est *pondere* à l'abblatif. Ces mots sont souvent joints ensemble, c'est à dire poids de la livre; et quand *pondo* est pris pour un nom indéclinable, et qu'il se trouve seul, il signifie poids; mais les meilleurs critiques le regardent toujours comme un abblatif avec le mot *libra* ou *libræ* sous-entendu.

On le joint aussi aux mots qui désignent différens poids des choses, comme *uncia*, *semis*, *quadrans*, etc. On met ces noms au cas exigé par le verbe ou par la construction.

« *Caius princeps in Circo pegma duxit, in quo fuêre argenti pondo* CXXIV. » (PLINE.)

« L'empereur Caligula fit paraître dans le Cirque un pegma (un échafaud automate) qui était chargé de cent vingt-quatre mille pesant. »

« *Auri nummos captos esse ter mille septingentos, argenteorum supra centum millia, æris gravis vicies septies centena millia pondo satis agnoscitur.* »

« On reconnaît assez clairement qu'on leur (Carthaginois) prit trois mille sept cents écus d'or, plus de cent mille pièces d'argent et deux millions soixante-dix mille as. » (TITE-LIVE.)

« *Auri nummos.* Les pièces d'or faisaient environ cinq cent vingt mille livres de notre monnaie; les pièces d'argent, si c'étaient des deniers, autour de cinquante mille livres, et les as à peu près cent cinq mille cinq cent cinquante livres. » (*Note de Guérin.*)

« *Argenti pondo bina.* » (TITE-LIVE.)

« Environ cinquante écus. »

« *Equidem miror populum romanum victis gentibus in tributo semper argentum imperitasse, non aurum, sicuti Carthagini cum Annibale victo* XII *pondo annua in quinquaginta annos.* » (PLINE.)

« Un de mes étonnemens c'est que le peuple romain ait toujours imposé aux nations vaincues des tributs en argent et jamais en or, témoin le tribut imposé aux Carthaginois après la défaite d'Annibal, qui consistait en un impôt annuel pour un demi-siècle, mais en argent, et rien en or. »

« Est distinctio similaginis : prima XVII pondo panis reddere visa, secunda XVIII, tertia XIX cum triente; et secundarii panis quinas selibras, totidem cibarii, et furfurum sextarios sex. »

« Voici comment on distinguait les degrés de bonté dans la fleur de farine de froment : il y en avait une sorte qui rendait dix-sept livres de pain par boisseau, une autre qui en rendait dix-huit, et une troisième qui rendait dix-neuf livres et quatre onces, sans compter deux livres et demie de pain bis blanc, autant de pain bis noir, et six setiers de son. »

« Privatus urbem ingrediens (L. Manlius Acidinus) mille ducenta pondo argenti, triginta pondo fermè auri in ærarium tulit. »
(TITE-LIVE.)

« Acidinus entra dans la ville en simple particulier; il déposa dans le trésor public douze cents livres pesant d'argent, et environ trente livres pesant d'or. »

Mille ducenta pondo argenti, dix-huit cents marcs. (GUÉRIN.)

Triginta pondo fermè auri, quarante-cinq marcs. (GUÉRIN.)

« Philippi regis legati in senatum introducti gratulantes de victoriâ; iis petentibus ut sibi sacrificare in Capitolio donumque ex auro liceret ponere in æde Jovis optimi maximi, permissum ab senatu; centum pondo coronam auream posuerunt. » (TITE-LIVE.)

« Les ambassadeurs du roi Philippe eurent leur audience : ils félicitèrent le sénat du succès des armes romaines; demandèrent et obtinrent la permission d'offrir un sacrifice dans le Capitole, et de placer dans le temple de Jupiter une couronne d'or du poids de cent livres. »

Centum pondo, cent cinquante-six marcs deux onces.

« Millia triginta servilium capitum dicuntur capti; argenti vis ingens facti signatique; auri octoginta septem millia pondo. »
(TITE-LIVE.)

« On porte à trente mille le nombre d'esclaves qui furent pris; on y trouva quantité d'argent, tant en monnaie qu'en orfévrerie; quatre-vingt-sept mille livres d'or. »

Auri octoginta septem millia pondo, cent trente-sept marcs quatre onces, ou quarante-trois millions cinq cent mille livres, somme qui paraît exorbitante.

Plutarque ne parle que de trois mille talens, qui font neuf millions, en supposant que ce sont des talens d'argent.
(*Note de Rollin.*)

« Legati ab rege Attalo coronam auream CCXLVI pondo in Capitolio posuerunt. »

« Les ambassadeurs du roi Attale vinrent à Rome placer dans le Capitole une couronne d'or du poids de deux cent quarante-six livres. »

Auream CCXLVI pondo, environ trois cent quatre-vingt-quatre marcs et trois onces.
(*Note de Crévier.*)

« Et Eumeni absenti et præsenti Attalo gratiæ actæ; et ædes liberæ, locus, lautia decreta, et munera data, equi duo, bina equestria arma, et vasa argentea centum pondo, et aurea viginti pondo. » (TITE-LIVE.)

« On vota des remerciemens à Attale et à Eumène : le premier fut logé et défrayé aux dépens de l'état, et eut en présent deux chevaux, deux armures de cavalier, une vaisselle d'or et d'argent, l'une du poids de cent livres, et l'autre de vingt. »

Centum pondo, cent cinquante-six marcs deux onces. (*Note de Crévier.*)

Viginti pondo, trente-un marcs et deux onces.

« Protinus et alios Africæ regulos jussi (legati) adire : iis quoque quæ darentur portata, togæ prætextæ, et ternûm pondo pateræ aureæ. »
(TITE-LIVE.)

« Les instructions des ambassadeurs portaient

de plus de se rendre ensuite à la cour des autres petits rois d'Afrique, et de leur présenter au nom du sénat des robes prétextes et des coupes d'or du poids de trois livres. »

Ternûm pondo, quatre marcs et cinq onces et demie. *(Note de Rollin.)*

« Paterfamilias cum filium hæredem faceret, testamento vasa argentea uxori legavit. Tullius hæres meus, Terentiæ uxori meæ xxx pondo vasorum argenteorum dato quæ volet; post mortem ejus vasa pretiosa et cælata magnificè petit muller. Tullius se quæ ipse velit in xxx pondo ei debere dicit. » (Cicéron.)

« Un père de famille, en constituant son fils pour héritier, lègue sa vaisselle d'argent à son épouse en disant : Tullius, mon héritier, donnera à ma femme Térentia trente livres de vaisselle d'argent à son choix. Après la mort du testateur Térentia demande la vaisselle la plus précieuse et les objets les mieux travaillés. Tullius prétend qu'il doit lui donner ce qu'il voudra pourvu qu'il en donne un poids de trente livres pesant. »

Q

QUADRANTAL, ALIS, n. Carré.

C'est aussi une mesure qui vaut quarante-huit setiers.

« P. Licinius Crassus et L. Julius Cæsar censores edixerunt ne quis vinum græcum amminéumque octonis æris singula quadrantalia venderet. » (Pline.)

« P. Licinius Crassus et L. Julius César, étant censeurs, publièrent un édit par lequel il était défendu de vendre au prix de huit as une amphore de vin grec et de vin amminéen. »

« *Ph.* Sitit hæc anus. — *Pa.* Quantillùm sitit? — *Ph.* Modica est; capit quadrantal. — *Pa.* Pol! ut tu prædicas, Vindemia hæc huic anui non satis est soli. » (Plaute.)

« *Ph.* Cette vieille femme a soif. — *Pa.* Quelle est sa soif? — *Ph.* Légère; elle boit un quadrantal. — *Pa.* Pollux! que dites-vous! la vendange de cette année ne suffirait pas à cette vieille femme! »

Les écrivains romains appellent l'amphore quadrantal ou *cadus*.

QUANDRANS, ANTIS, m. Un quart de l'once, trois as (un quadrant).

Quatrième partie d'un tout. Le quadrant est donc la quatrième partie de l'as, c'est à dire qu'il égale trois onces. Comme autrefois les as pesaient une livre, le *quadrans* (quadrant) était aussi une monnaie de cuivre. Le *quadrans* étant égal à trois onces est aussi appelé *teruncius de tres unciæ*.

« Ratitum quadrantem dictum putant, quòd in eo et triente ratis fuerit effigies, ut navis in asse. »

« Et quadrans mihi nullus est in arca. » (Mart.)

« Je n'ai pas même un quadrant dans mon coffre. »

« Quadrantem nemo jam tibi credet. » (Mart.)

« Personne ne te confiera pas même la valeur de trois onces. »

« Quadrantem Crispus tabulis, Faustine, supremis
Non dedit uxori : cui dedit, ergo ? Sibi. » (Mart.)

« Faustinus, lorsque Crispus a fait son testament, il n'a pas laissé un quadrant à sa femme. Qui donc a-t-il fait son légataire ? Lui-même. »

« Paratus quadrantem de stercore mordicus tollere. » (Pétr.)

« Il est prêt à faire les plus grands efforts du

monde pour retirer un quadrant d'un tas de fumier. » (Proverbe au sujet d'un avare.)

Le *quadrans* était le prix ordinaire du bain.

« Dum tu quadrante lavatum
Rex ibis. »
(Hor.)

« Tandis que toi qui fais le roi tu iras te baigner pour un quadrant. »

« In consulis domum plebes quadrantes, ut funere ampliore efferretur, jactasse fertur. »
(Tite-Live.)

« Les moindres citoyens, jaloux de contribuer à la magnificence des obsèques de leur consul, donnèrent, dit-on, chacun la valeur d'une once de cuivre. » (Traduction de M. Dureau de La Malle.)

Cent *quadrantes*, c'est à dire vingt-cinq as, étaient la sportule des pauvres cliens. On nomma sportule une rétribution en argent ou en comestibles que les grands et les patriciens faisaient distribuer à leurs cliens, à ceux qui grossissaient leur cortége lorsqu'ils se montraient en public.

Sportula, petit panier, petite corbeille d'osier au sens propre.

Quadrans exprime aussi la quatrième partie d'un arpent. (Colum.)

« Sportula nos junxit quadrantibus avida centum. » (Mart.)

« Une sportule de cent quadrans me fut adjugée. »

Dans les usures *quadrans* indique quatre pour cent.

On prend quelquefois ce mot adjectivement.

Quadrans diei signifie six heures. En effet, *quadrans* est le quart d'un tout, de 24 par exemple, où 24 exprime le nombre des heures d'un jour. Quadrans est la quatrième partie de la livre.

« Mittebas libram : quadrantem, Garrice, mittis.
Saltem semissem, Garrice, solve mihi. »
(Mart.)

« Garricus, tu m'envoyois le poids d'une livre d'argent; aujourd'hui je n'en reçois qu'un quart : tu devrais au moins, Garricus, m'envoyer la demi-livre. »

Dans les mesures de secs et de liquides, le quadrant est la quatrième partie du setier, c'est à dire qu'il vaut trois cyathes. Le setier valant douze cyathes, le quadrant vaudra le quart de douze cyathes, c'est à dire trois cyathes.

« Addere quid cessas, puer, immortale falernum?
Quadrantem duplica de seniore cado.
Nunc mihi dic quis erit cui te, Calocisse, deorum
Sex jubeo cyathos fundere? Cæsar erit. »
(Mart.)

« Jeune esclave, pourquoi cesses-tu de verser ce falerne immortel? Redouble cette quadruple mesure du plus vieux tonneau. Mais dis-moi, Calocissus, pour qui, pour quel dieu je te presse de verser six cyathes? C'est pour César. »

Le quadrant est aussi égal à quatre doigts de la mesure qui s'appelle *pied*; car le pied vaut seize doigts. Cette mesure se dit aussi petite paume; *palmus minor*.

QUINARIUS, ii, *m.* Quinaire.

Nous avons parlé plusieurs fois du quinaire.

« Placuit denarium pro decem libris æris, quinarium pro quinque, sestertium pro dupondio ac semisse. » (Pl.)

« Le denier d'argent passa pour représenter dix livres de cuivre, le quinaire d'argent pour cinq livres de cuivre, et le sesterce d'argent pour deux livres et demie de cuivre. »

Nous avons cité aussi un passage de Volusius Mœcianus, qui écrivait sous Marc-Aurèle : « Denarius primo asses decem valebat, undè et nomen traxit : quinarius dimidium ejus, id est quinque asses, undè et ipse vocatur. »

Le même auteur dit : « Victoriatus nunc tantumdem valet quantum quinarius olim. »

Le victoriat ne vaut plus aujourd'hui que ce que valait autrefois le quinaire.

Dupondius, mot à mot, dit un traducteur moderne de Cicéron, deux as, deux sous de notre monnaie.

QUINCUNX, uncis, *m.* Cinq onces.

Ce mot dérive de *quinque* et de *uncia*.

* Le quincunx = donc 5/12 as.

« Romani pueri longis rationibus assem
Discunt in partes centum diducere; dicat
Filius Albini si de quincunce remota est
Uncia quid superet? Poterat dixisse: Triens. Eu!
Rem poteris servare tuam; redit uncia: quid fit?
Semis. (Hor.)

« Les jeunes Romains apprennent, par de longs raisonnemens, à partager un *as* en cent parties. Que le fils d'Albinus me réponde. Si de cinq onces vous en ôtez une, que reste-t-il? Quatre (*triens*, le tiers de douze). Vous saurez conserver votre bien. Si aux cinq onces (*quincunx*) on en ajoute une, qu'arrive-t-il? Il y a la moitié d'un as (*semi-as*) six onces. »

Dans Martial le *quincunx* est une mesure qui contient cinq cyathes, c'est à dire la moitié d'un setier moins un cyathe. En effet le setier contient douze cyathes; sa moitié, l'hémine, (*hemina*) est donc six cyathes. Si l'on en ôte un, il en restera cinq (*quincunx*).

Cette mesure de liquide contenait donc cinq cyathes, et le cyathe était la douzième partie du setier. Il était représenté par un petit gobelet avec lequel on puisait dans le *crater*, vase d'une grande dimension, où l'on servait le vin destiné aux convives, afin d'en remplir la coupe ou la tasse dans laquelle on buvait, *poculum*.

« Hesterna nocte tibi dixeramus,
Quincunces, puto, post decem peractos,
Cœnares hodie, Procille, mecum. »
(Mart.)

« La nuit dernière, après avoir vidé cinquante rasades, je t'avais invité, Procillus, à souper aujourd'hui avec moi. »

Quincunces post decem peractos veulent dire après avoir bu cinquante cyathes, puisque chaque quincunx vaut cinq cyathes.

« Quincunces et sex cyathos bessemque bibamus
Caius ut fiat Julius et Proculus. »
(Mart.)

« Vidons tour à tour cinq, six et huit coupes en l'honneur de Caïus, de Julius et de Proculus. »

Quincunces signifie cinq cyathes; 5 cyathes $\times$ 6 = 11; *bessis* signifie en général les deux tiers, 2/3 d'un tout quelconque; le tout ici est un setier, qui vaut douze cyathes; *bessis* exprime donc 8; ainsi les convives boivent 5 cyathes $\times$ 6 cyathes $\times$ 8 cyathes = 19 (ce qui revient, d'après la note précitée, à boire 1 1/2 litres $\times$ 1/12 litres.)

En effet, dans le nom Caïus il y a cinq lettres; il y en a six dans Julius et huit dans Proculus: la somme de toutes ces lettres = 19.

Dans les usures *quincunx* signifie que le préteur exige cinq pour cent d'intérêt, c'est à dire qu'il prend cinq livres pour cent livres, cinquante livres pour mille livres.

Quid petis ut nummi, etc. *Voy.* Deunx.

Dans Pline ces mots *quincunx hæreditatis* expriment cinq parties d'un héritage divisé en douze.

Quincunx jugeri signifie que quincunx est, par rapport à l'arpent, ce que cinq onces sont par rapport à l'as ou à la livre.

Quincunx s'emploie adjectivement.

S

SCRIPLUM, i, n. SCRIPTLUM, SCRIPULUM, SCRUPULUM. Scrupule, nom d'un petit poids valant la vingt-quatrième partie de l'once.

Tous ces mots que nous venons de citer ont la même signification.

Nous avons remarqué que Pline avait dit : « Aureus nummus percussus est, ita ut *scrupulum* valeret sestertiis vicenis, » etc.

« On frappa le nummé d'or de manière que le scrupule valut vingt sesterces. »

Le scrupule (*scripulum* ou *scrupulum*) est aussi la plus petite partie de l'arpent, qui a deux cent quatre-vingt-huit scrupules.

« Stati autem atque non menstrui sunt utrique (soli et lunæ) defectus, propter obliquitatem signiferi, lunæque multivagos flexus, non semper in scrupulis partium congruente siderum motu. » (PLINE.)

« La raison pour laquelle les éclipses, tant de lune que de soleil, sont réglées autrement que sur le période et le nombre des mois se trouve dans l'obliquité du zodiaque et dans les divers écarts et mouvemens vagues de la lune, le soleil et elle ayant une marche qui est telle que les nœuds des cercles qu'ils décrivent ne répondent pas toujours aux mêmes sections de cercles. »

Le scrupulum = 1/24 d'once ou 1/268 d'as.

SCRIPTLUM, i, n. *V.* SCRIPLUM.

SCRIPULUM, i, n. *V.* SCRIPLUM.

SCRUPULUM, i, n. *V.* SCRIPLUM.

SEMBELLA, æ, *f.* Demi-livre, *quasi semi-ibella. V.* LIBELLA.

SEMI-LIBRA, æ, *f.* Demi-livre. Ce mot vient des deux mots grecs ἥμισυς, dimidium, λίτρα, d'où les Latins ont fait *libra. Voy.* LIBRA.

SEMIOBOLUS, i, m. Dimidium oboli.

« Semioboli duplum est obolus » (FANN.)

On dit aussi *semobolus*.

SEMIS, ou SEMISSIS, moitié de l'as. *Semi assis, dimidium assis.*

Semis, étant la moitié de l'as, se prend dans toutes les significations de celui-ci.

« Sex domini *semissem* Africæ possidebant cùm interfecit eos Nero. » Semissem Africæ, dimidium Africæ.

« Interesse in plantario sesquipedes inter bina semina in latitudinem, in longitudinem asses, hoc est semipedes. » (PLINE.)

« Il doit y avoir entre deux marcottes un pied et demi en largeur et un demi-pied en longueur. »

Dans l'usure *semissis* signifie six pour cent.

« Omninò semissibus magna copia est. » (CICÉRON.)

« L'argent ne manque point à ceux qui cherchent à s'enrichir dans les affaires publiques. »

Semissibus. C'était le nom d'une sorte d'usure sur laquelle les commentateurs n'ont rien de certain. L'usure qui portait le nom de *semissis* est donné ici à ceux mêmes qui exerçaient cette sorte d'usure.

(*Note du traducteur de Cicéron.*)

Semis exprimait aussi une pièce d'or valant la moitié d'un sou d'or ; cependant *semissis* se dit d'un homme de peu de prix.

« Simius non *semissis* homo contra me arma tulit. » (CICÉRON.)

Ce mot *semissis* se prend aussi adjectivement.

SEMIUNCIA, æ, *f.*, ou SEMUNCIA. Demi-once. *V.* UNCIA.

SEPTUNX, uncis, *m.* Sept onces. Mesure ou poids de sept onces, c'est à dire sept parties de l'as.

« Septunces auri in singulos. » (Tite-Live.)

« Sept onces d'or pour chacun. »

Quant aux mesures des champs, le *septunx* comprend un *demi-jugerum* et la douzième partie du *jugerum*. « In agri mensuris septunx dicitur, qui continet semijugerum et jugeri partem duodecimam. »

« Triumviri terna jugera et septunces viritim diviserant. » (Tite-Live.)

« Les triumvirs avaient fait partager à chaque citoyen trois jugerum et un septunx, c'est à dire la septième partie. »

Septunx exprime aussi sept cyathes de vin. Cela est expliqué par les vers suivans de Martial :

« Det numerum cyathis Instantis littera Rufi:

(Rufus avait pour prénom *Instans*, composé de sept lettres.)

Si Polydorus adit promissaque gaudia portat,
Servabor domino, Rufe, triente tuo.
Si dubius, septunce trahar; si fallit amicum,
Ut jugulem curas nomen utrumque bibam. »

« Que les lettres du nom d'Instans Rufus déterminent le nombre des libations. Si Polydore survient, et qu'il me procure le plaisir de le voir, comme il me l'a promis, après les coups bus en l'honneur du plus court de tes noms, Rufus, je me réserverai tout entier pour mon maître; mais s'il me laisse dans l'incertitude, je boirai mes sept rasades. Si Polydore trompe absolument l'espoir d'un serviteur qui l'aime, afin de dissiper mon chagrin, je boirai tes deux noms jusqu'à la dernière lettre. »

Si le lecteur se rappelle ce que nous avons dit, il expliquera facilement ces vers. Instans Rufus comprend douze lettres; Polydorus en comprend neuf.

Martial boira d'abord en l'honneur du plus court des noms d'Instans Rufus; le plus court de ces noms est Rufus; ainsi le poète boira cinq cyathes; mais si son maître Polydore survient, il se réservera tout entier pour lui (Polydorus); Martial boira donc neuf cyathes de plus. Si Polydore ne vient pas, il boira les deux noms de Rufus, c'est à dire 12 cyathes = 1 litre.

Je me trouve d'accord avec *Facciolati*, qui explique ainsi ce passage :

« Instans constat septem litteris, *Rufe* vocativus quatuor. Si Polydorus Martialis amicus venit, epoturus est trientem, id est quatuor cyathos, quot sunt litteræ in vocativo *Rufe*. Si dubium est venturus sit nec ne, bibet septuncem, hoc est septem cyathos quot sunt litteræ in Instans. Si omnino venturus non est, bibet utrumque nomen, id est undecim cyathos. » (Rufus contient cinq lettres; Rufe 4.)

« Septunce multo deindè perditus stertit. »
(Mart.)

« Abattu ensuite par maint cyathe, il ronfle. »

SESCUNCIA ou **SESQUIUNCIA**, æ, *f.* Une once plus la moitié d'une once, = 1/12 once. *V.* Uncia.

SESTERTIUS, i, *m.* Petite monnaie d'argent valant la quatrième partie d'un denier romain, c'est à dire deux as et demi; un sous trois deniers de notre monnaie, dit Danet. Le denier valait dix as, environ cinq sous de notre monnaie.

« Denarii quartam partem, quòd efficiebatur ex duobus assibus et tertio semisse, sestertium nostri vocitaverunt. »

Le sesterce a toujours valu le quart d'un denier, et pour désigner sa valeur, on le marqua d'abord par deux LL et un S, qui signifiaient LIBRA LIBRA. Les copistes ont ensuite écrit par deux grands II avec le S, et enfin de ces deux I, ou des deux L, ils ont fait un H, en sorte qu'on trouve ordinairement H S pour marquer le sesterce.

Cette pièce était appelée fort souvent *numme*, (nummus) parce qu'on l'employait fréquemment dans les comptes. C'était la plus petite monnaie des Romains; en sorte que quand on disait adjuger quelque chose à quelqu'un pour un numme ou un sesterce cela signifiait qu'on le donnait pour rien, c'est à dire pour très peu de chose.

On distingue à tort *sertertius* masculin, qui est cette pièce de monnaie d'argent valant deux as et demi, de *sestertium* neutre, qui n'est pas une monnaie proprement dite, mais un mot de compte signifiant mille petits sesterces, ou deux cent cinquante deniers romains. *Sestertium* est le même que *sestertius*, en sorte que *sertertii deni* et *sertertia dena* signifient la même chose. Toute la différence ne consiste que dans la manière de compter. Quand on lit *dena sestertiùm* pour *sestertiorum*, il faut sous-entendre *millia*. Les copistes, n'ayant pas bien compris le sens, ont mis *sestertia* au lieu de *sestertium* lorsqu'ils ont vu la marque du sesterce; comme dans Cicéron contre Verrès : HS *ducenta et quinquaginta*.

De là est venue l'erreur qui a fait prendre *sestertium* pour une monnaie différente de *sestertius*; mais soit que dans ces occasions on lise *sestertium ducenta*, en sous entendant *millia*, ou *sestertia ducenta*, en prenant le mot de *sestertium* neutre pour mille petits sesterces, cela revient toujours au même pour le nombre, parce que deux cents sesterces pris au neutre équivalent à deux cents mille sesterces au masculin. (DANET.)

Il reste une difficulté : si après H. S. il se trouve un nom de nombre indéclinable, ou qui puisse être pris pour le masculin, aussi bien que pour le neutre, il n'y aura alors que le sens de la phrase qui puisse déterminer la signification de la somme, comme *H. S. quinque* ou *H. S. duorum*, qui se trouvent dans Cicéron, et qui peuvent convenir aux nombres simples et aux mille. Ce n'est que par la suite du discours que l'on explique ces mots de simples sesterces seulement, puisque si on les prenait pour *mille* on aurait une somme excessive et peu relative au sujet. (DANET.)

Lorsqu'il y a un adverbe avec *sestertia*, on les multiplie au centuple; ainsi, quand un auteur dit : *decies sestertium*, c'est comme s'il disait *decies centum sestertia*, ou *mille sestertia*, et comme les *sestertia* valent chacun mille sesterces, le *mille sestertia* vaut *decies centies millia sestertiorum*, un million de sesterces.

Quand on lit dans un auteur *decies sestertium*, on doit donc l'interpréter un million de sesterces.

« Millia pro puero centum me mango poposcit:
Risi ego. Sed Phœbus protinus illa dedit;
Sed sestertiolùm tribuit mens vivida Phœbo
Bis decies. »

(MART.)

« Un marchand me demandait cent mille sesterces pour le prix d'un jeune esclave: je me mis à rire; mais Phébus lui compta sur-le-champ cette somme. L'esprit actif de Phébus lui valut deux millions de sesterces. »

« Non plenum modò vicies habebas;
Sed tam prodigus atque liberalis,
Et tàm lautus eras, Calene, ut omnes
Optarent tibi centies amici.
Audit vota Deus, precesque nostras,
Atque intra, puto, septimas calendas
Mortes hoc tibi quatuor dederunt.
At tu sic quasi non foret relictum,
Sed raptum tibi centies, abisti
In tantam miser esuritionem,
Ut convivia somptuosiora
Toto quæ semel apparas in anno,
Nigræ sordibus explices monetæ,
Et septem veteres tui sodales
Constemus tibi plumbea selibra;
Quid dignum meritis precemur istis?
Optamus tibi millies, Calene;
Hoc si contigerit fame peribis. »

(MART.)

« Tu ne possédais pas vingt fois cent mille sesterces tout entiers, Calénus; mais tu te montrais si généreux, si magnifique, tu traitais si somptueusement tes convives, que chacun te souhaitait de bon cœur une fortune de dix millions. Les dieux ont écouté nos vœux, ils ont exaucé nos prières; et, dans l'espace de sept calendes, à ce que je crois, quatre trépas t'ont valu cette bonne fortune. Mais toi, comme si, au lieu de te gratifier de ces dix millions, les dieux te les eussent ravis, tu t'es réduit à une si misérable abstinence que le plus somptueux de tes repas, le seul de toute l'année, ne te coûte que quelques pièces de la monnaie la plus vile. En un mot tu ne dépenses pas pour sept de tes anciens amis plus que la valeur d'une demi-livre de plomb. Quels souhaits nouveaux dignes de cette conduite adresserons-nous aux dieux pour toi, Calénus? qu'ils t'accordent des milliards. Si nous l'obtenons, tu mourras de faim. »

« Emi eam ipsam, domum quinquies tricies. »
(Cic.)

« J'ai acheté cette maison cinq cent mille écus. »

L'évaluation des sommes romaines n'a rien de certain. Manuce évalue celle-ci à cinq cents mille écus. Mais de quels écus parle-t-il?
(Note du traducteur.)

« Constitutum ne cui jus id esset, nisi cui ingenuo ipsi, patri avoque paterno sestertia cccc census fuisset. »

« Il fut statué que nul n'aurait le droit de porter l'anneau équestre, s'il n'était lui, son père et son aïeul paternel, de condition libre, s'il n'avait quatre cent mille sesterces de biens. » (Pline.)

« Pyramidas regum miramur, cùm solum tantum foro exstruendo H-S. millies Cæsar dictator emerit : et si quidem impensæ movent captos avaritiâ animos, P. Clodius quem Milo occidit sertertiùm centies et quadragies octies domo empta habitaverit ; quod equidem non secus ac regum insaniam miror. »
(Pline.)

« Nous admirons les dépenses qu'ont coûtées aux rois d'Égypte leurs pyramides, tandis que Jules César, dictateur, a payé pour le seul emplacement du marché qu'il voulait construire mille fois cent mille sesterces ; et si parmi nos lecteurs il y en a quelques-uns épris de l'amour de l'or, et qui s'indignent volontiers en entendant parler de grandes dépenses, qu'ils restent stupéfaits d'étonnement en apprenant que P. Clodius, celui que tua Milon, acheta une maison quatre cent quatre-vingt mille livres. Un tel excès de luxe n'est-il pas aussi extraordinaire que toutes les folles dépenses des rois d'Égypte? »

« Itaque et ipsum Milonem sestertium septingenties æris alieni debuisse inter prodigia animi humani duco. » (Cic.)

« Et pareillement nous mettons au rang des prodiges de ce genre la dette de ce même Milon, laquelle se montait à sept millions. »

« Legavit (Augustus) populo romano quadringenties, tribubus tricies quinquies sestertium, prætorianis militibus singula millia nummorum, cohortibus urbanis quingenos, legionariis trecentos nummos. »

« Produxit quædam (legata) ad vicena sestertia : quibus solvendis annuum diem finiit, excusatâ rei familiaris mediocritate; nec plus perventurum ad hæredes suos quàm millies et quingenties professus, quamvis viginti proximis annis quaterdecies millies ex testamentis amicorum percepisset. » (Suet.)

« Auguste légua au peuple romain quarante millions de sesterces (huit millions de notre monnaie); trois millions cinq cent mille sesterces (sept cent mille livres) aux tribus latines; mille (deux cents livres) par tête aux soldats de la garde ; cinq cents (cent livres) à ceux de la garde de la ville ; trois cents (soixante livres) aux soldats légionnaires. Il ajouta différens legs, dont quelques-uns n'excédaient pas vingt grands sesterces (quatre cents livres) ; il donnait une année pour les payer, s'excusant sur la médiocrité de sa fortune. Il déclare ne laisser à ses héritiers que cent cinquante millions de sesterces (trente millions); cependant il avait hérité depuis vingt ans de plus de cent milliards de sesterces (quatre-vingts millions). *(Traduction et note de La Harpe.)* »

« Omnem amplitudinem statuarum vicit ætate nostrâ Zenodorus, Mercurio facto in civitate Galliâ Arvernis, per annos decem H S. cccc manupretio. » Pline.

« Nulle statue n'a acquis l'excessif volume du Mercure que Zénodore, de notre temps, fit dans la cité des Auvergnats, dans les Gaules ; il demeura dix ans à le faire, et cet ouvrage coûta quatre cent fois cent mille sesterces (quatre millions de notre monnaie). (*Traduction et note de* POINSINET.)

Cicéron, dit M. Malte-Brun, possédait une table qui avait coûté un million de sesterces (cent vingt-six mille francs); et dans la famille des Céthégus on en gardait une qui valait un million quatre cent mille sesterces (cent soixante-quinze mille francs).

Mille sestertiûm, *mille nummûm sestertiûm* sont des expressions identiques.

C'est, selon quelques-uns, par la raison que *mille* est un nom substantif qui gouverne le génitif; d'autres croient au contraire que *mille* est toujours adjectif, et comme il faut supposer un nom d'où dépend le régime de ce génitif, ils sous-entendent *res* ou *negotium*.

Les auteurs omettent quelquefois le mot *sestertium* par la figure appelée *ellipse*.

En voici un exemple pris de Suétone :

« Primus è fisco latinis græcisque rhetoribus annua centena constituit, » c'est à dire *centena millia sestertiûm*.

Voici un autre exemple pris de Martial :

« Millia misisti mihi sex bis sena petenti ;
Ut bis sena feram, bis duodena petam. »

« Tu m'as envoyé six mille sesterces lorsque je t'en demandais douze mille; pour en obtenir douze je t'en demanderai vingt-quatre. »

« Pecuniæ in ærarium tulerunt sestertiûm tricies, octoginta millia æris; militibus M. Livius quinquagenos senos divisit » (TITE-LIVE.)

« L'argent porté dans le trésor public se montait à trois cent mille sesterces et à quatre-vingt mille livres pesant de cuivre sans compter les cinquante-six as par tête que Livius avait distribués à ses soldats. »

Sestertiûm tricies. Rollin et Guérin, d'après Polybe, ont exprimé par un compte rond cette somme, sur laquelle les auteurs ne sont pas d'accord. Les traducteurs anglais l'évaluent à vingt-quatre mille quatre cent soixante dix-huit livres quinze sous huit deniers sterl.

Quinquagenos senos asses, trente-cinq sous, suivant Rollin ; selon Guérin, quinze sesterces.

« Indicibus libertas data, et æris dena millia data. » (TITE-LIVE.)

« Les dénonciateurs eurent pour récompenses la liberté et dix mille sesterces. »

Æris dena millia. L'évaluation de Rollin porte cette somme à cinq cents livres, et les traducteurs anglais la portent à vingt-cinq livres sterling.

« Hæc omnia signa Praxitelis, Myronis, Policleti H. S. VI millia et D Verri vendita sunt, Cupido Praxitelis H. S. MDC. » (CICÉRON.)

« Toutes ces statues de Praxitèle, de Myron, de Policlète ont été vendues pour la somme de six mille cinq cents sesterces. Le Cupidon de Praxitèle fut estimé seize cents sesterces. »

H. S. VI *millia et* D, huit cent douze livres dix sous, si on évalue le sesterce à raison de deux as et demi. H. S. MDC, cent soixante livres à deux cents livres.

« In auctione signum æneum, non magnum H. S. CXX millibus venire non vidimus. »

« Nous n'avons pas vu que dans la vente publique une petite statue de bronze ait été vendue cent vingt mille sesterces. »

H. S. *millibus*, quinze mille livres.

« H. S. XVIII millibus lis æstimata est. »

L'amende fut estimée dix-huit mille sesterces, mille cinq cents livres.

« Tibi in mentem non venit jubere ut hæc quoque referret (Hejus), H. S. millibus se tibi vendidisse ? Metuistine æs alienum tibi cresceret si H. S. VI millibus tibi constarent ea quæ tu facilè posses vendere H. S. millibus. »

« Il ne vous est pas venu dans l'esprit, Verrès, d'ordonner que Héjus vous rapportât ce qu'il avait dit ; qu'il vous avait fait une vente pour six mille sesterces; craigniez-vous d'augmenter vos dettes si des objets que vous puissiez facilement vendre vous eussent coûté deux cent mille sesterces ? »

H. S. millibus, six cent soixante livres de notre monnaie.

H. S. cc millibus, vingt mille livres.

« Apollinis signum ablatum certè esse non oportuit. At dices te emisse: Scio H. S. cıɔ. »

« Il ne fallait pas enlever une statue d'Apollon; je sais que vous direz que vous l'avez achetée deux cents livres. »

« H. S. lxxx millia dedisti. »

« Vous avez donné quatre-vingt mille sesterces, huit mille livres. »

Nous avons indiqué les diverses valeurs du *denarius* et du *sestertius*. Adam évalue le *denarius* à quinze sous six deniers de France. Suivant le même auteur le *denarius* = 3 sous 10 deniers 1/2, monnaie de France. (12 de nos deniers = 1 sou.)

Sestertium est un mot qui signifie mille sesterces (*sestertii*).

Sestertia, féminin, ne se trouve dans aucun bon auteur. Nous avons dit que *mille sestertia*, ou *decies sestertiûm*, ou *decies centena millia sestertiûm*, *vel nummûm* = 1000000 sesterces. Nous avons dit aussi que suivant un traducteur moderne de Cicéron le sesterce valait à peu près quatre sous de France. Nous avons remarqué que suivant le même traducteur le sesterce = 21 c. >< 1/4 de centime. Enfin, suivant d'autres, le sesterce égale justement vingt-un centimes.

SEXTANS, antis, *m.* Deux onces, sixième partie d'un tout.

Ce mot s'applique à l'argent monnayé, au poids et à la mesure.

« Bessalem ad scutulam sexto pervenimus anno :

Post hunc in cotylâ rasa selibra data est.
Octavus ligulam misit sextante minorem. »

(Mart.)

« A la sixième année j'obtins une écuelle de huit onces; enfin le cotyle rase me produisit une demi-livre; parvenu à huit ans, on m'apporta un vase qui ne pesait pas un sextant. »

« Sextantes, Calliste, duos infunde falerni. »

(Mart.)

« Calliste, verse-moi deux sextans de Falerne. »

Deux sextans du setier valent quatre cyathes; car le setier comprend douze cyathes.

Les mathématiciens appellent sextant la sixième partie du nombre six, qui est un. 6/6 = 1.

Sextans exprime la sixième partie d'un tout quelconque, d'un héritage, d'un pied, d'un arpent, etc.

« Hæredes instituit (Augustus) primos Tiberium ex parte dimidiâ et sextante, Liviam ex parte tertiâ : secundos Drusum, Tiberii filium, ex triente, et ex partibus reliquis Germanicum liberosque ejus tres sexûs virilis. »

« Auguste institua ses héritiers Tibère et Livie, l'un pour les deux tiers, l'autre pour un tiers. Il appelait à leur place Drusus, fils de Tibère, pour un tiers, et Germanicus et ses trois fils pour le reste. »

« Huic sumptus funeri defuit, extulit eum plebs sextantibus collatis in capita. »

(Tite-Live.)

« Il ne laissa pas de quoi se faire enterrer; le peuple pourvut à ses funérailles en se cotisant de deux as par tête. »

SEXTANTARIUS, a, um. Sextantem continens ut pondus habens sextantis. Asses qui à principio librales erant sextantarii facti sunt, hoc est sextantis seu duarum unciarum pondere.

Sextantalis. Sextantem continens. Sextantales habent crassitudinem duarum unciarum seu pollicum.

SEXTARIUS, ii, *m.* Setier, mesure contenant 12 cyathes = 1 litre.

« Sextarius alter
Ducitur ante cibum. »

(Juv.)

« On boit encore un setier avant de manger. »

Voici le tableau des anciennes mesures de blé romaines :

4 ligulæ = 1 cyathus; 1 1/2 cyathus = 1 acetabulum; 4 acetabula = 1 hemina ou trulla.

Selon Paucton, 1 sextarius = 0,6453 d'une pinte de France ; donc le modius = 9,6805 litres.

Le setier, dit Rollin, était la sixième partie du conge, et passait un peu notre chopine.

« At ii qui ab hoste obsidentur si emere aquæ sextarium mina cogerentur, hoc primò incredibile nobis videri omnesque mirari. »
(Cic.)

« Quand on apprend que dans une ville assiégée un verre d'eau a été acheté dix écus, il n'y a personne qui n'en soit frappé d'étonnement. »

SEXTULA, æ, f. Sixième partie de l'once. Or l'once est la douzième partie de l'as; par conséquent la *sextula* est la soixante-douzième partie de l'as.

« Æris minima pars, sextula quod sexta pars unciæ. » (Varr.)

« Sextula quæ fertur, nam sex bis uncia constat. » (Fann.)

Ce mot exprime aussi la soixante-douzième partie d'un tout quelconque, d'un héritage, par exemple, ce tout étant représenté par l'as.

Nous avons cité un passage de Cicéron terminé ainsi : « Æbutio sextulam aspergit. » Le mot *aspergit* fait allusion au vase qui contient la *sextule*, qui était peut-être, dit Facciolati, la sixième partie du setier, ou deux cyathes. Cicéron ajoute : « Iste autem huc sextulâ se ansam retinere omnium controversiarum putat (quasi sextula vas ansatum sit).

SEXTULUS, i, m. D'autres disent *sextulus* pour *sextula*. V. Sextula.

1 *sextulus* = 4 scrupules, dit un auteur moderne.

SEXUNS, uncis, m. Six onces; moitié de l'as. *Sexuns* est synonyme de *semis*.

Le même auteur dit :

« 1 *sexuns* ou *semis* = 6 unciæ. »

SICLUS, 1, SICULUS, 1, m. Sicle.

« Nullum siclum acceperis. »
(Plaute.)

Le poète comique latin a en vue le sicle qui était une monnaie des Hébreux (*numisma Hebræorum*), qui était du poids de deux drachmes ; il valait dix oboles, et par conséquent c'était la quatrième partie de l'once, soit que l'on parle du sicle commun ou profane. Mais s'il est question du sicle sacré, c'est à dire de celui du sanctuaire, il valait le double, c'est à dire quatre drachmes ou une demi-once. Le sicle est donc la même chose que le statère, qui contient quatre drachmes. Huit drachmes composent l'once latine ; le *secel*, qui par corruption se dit *siclus* en latin, a le poids d'une once. Il est des érudits qui prétendent qu'au lieu d'une once il faut lire une demi-once. Isidore prétend que dans les livres des païens il faut lire une demi-once, *semuncia*, et dans les auteurs sacrés une once, *uncia*.

La drachme est la huitième partie de l'once ; la *sextula* en est la sixième; la *duella* en est la troisième ; le *siclus* en est la quatrième.

SICILICUS, 1, m. SICILICUM, 1, n. Est un quart de l'once.

1 *sicilicum* = 6 scrupula.

« In interlunio cum apparere desierit, supra terras erit (luna) quandiù et sol interlunio et primâ totâ die; secundâ, horæ unius dextante sicilico ; ac deindè tertiâ, usque ad quintam decimam, multiplicatis horarum iisdem portionibus ; quintâ decimâ totâ supra terras noctu erit, eademque sub terris totâ die decimâ sextâ ad primæ horæ nocturnæ dextantem sicilicum sub terrâ aget eademque portiones horarum per singulos dies adjiciet usque ad interlunium. » (PLINE.)

« Quand la lune ne se montrera plus du tout, alors elle est en conjonction avec le soleil. Pendant ce temps là et tout le premier jour elle demeure sur l'horizon autant que le soleil. Le second jour elle y demeure pendant dix douzièmes, plus un quart de douzième, (ce qui comprend cinquante-une minutes et un quart) de la première heure de la nuit. Le troisième jour, l'accroissement de durée s'étend au double, et ainsi successivement en augmentant dans la même proportion jusqu'à ce que la lune ait quinze jours, c'est à dire jusqu'à ce qu'elle soit dans son plein, car alors elle demeure toute la nuit sur l'horizon, et tout le jour sur la terre. Le seizième jour elle ne se lève qu'au bout de cinquante-une minutes et un quart de la première heure de la nuit, et chaque jour elle retarde d'un pareil espace de temps son lever, jusqu'à ce qu'elle retourne en conjonction avec le soleil. »

Le *sicilicus* est aussi un poids de deux drachmes.

C'est la quarante-huitième partie de l'as; la quatrième partie de l'once qui comprend six scrupules, ou, ce qui est la même chose, deux drachmes.

«Drachmam si gemines, ad erit quem dicier audis
Sicilicus. »   (FANN.)

Dans les mesures le sicilicus est la quatrième partie du pouce.

Sicilicus horæ signifie une minute, plus quinze secondes. En effet le *sicilicus horæ* est la quatrième partie de la douzième partie de l'heure.

L'heure est partagée en soixante minutes: le douzième de soixante est cinq. $60/12 = 5$. Donc le sicilicus sera cinq minutes divisées par quatre. $5/4 = 1 \times 1/4$. Une minute vaut soixante secondes, le quart de soixante est quinze. Quant à l'arpent, le sicilicus vaut six cents pieds, car l'arpent vaut vingt-huit mille huit cents pieds carrés. La douzième partie de l'arpent (*jugerum*) sera donc deux mille quatre cents; la quatrième partie de $2400 = 600$.

Sicilicus dérive de *seco, divido*, je coupe, je divise.

On écrit aussi *siciliquus*.

SHEKEL. Nom d'un ancien poids juif.

60 shekels $=$ 1 manch; 50 manehs $=$ 1 talent; le talent $= 42,485$ kilogram.

SHOEMUS. Nom d'une ancienne mesure de longueur de l'Ecriture.

1 shœmus $=$ 10 poles.

Le shœmus $= 44,475$ mètres.

Le cubit, ou coudée de l'Écriture $= 0,559$ mètres.

SILIQUÆ, poids romain. 6 siliquæ $=$ 1 scrupulum.

SIMPLIUM. Un simplium $= 3$ siliquæ.

SOLIDUM, i, *n*. Pièce de monnaie.

Le *solidum* valut dans un temps vingt-cinq deniers, ou cent H. S.; mais sa valeur et son poids varièrent.

Tremissis est une pièce valant la troisième partie d'un sou d'or, comme *semissis* en est la moitié.

SPAN. Nom d'une ancienne mesure de longueur de l'Ecriture.

1 span $= 3$ palms.

SPITAME. Le spitame $= 9$ pouces.

Nous avons cité un passage de Pline au sujet des trispitames.

STADIUM, ii, *n*. Lice, lieu de la course.

Espace de six cent vingt-cinq pas, où les athlètes s'exerçaient à la course et à la lutte.

« Qui stadium currit eniti et contendere debet quàm maximè possit ut vincat. » (CICÉRON.)

« Dans la lice chacun doit faire de son mieux pour remporter le prix. »

« Ducta est in Zeugmate Apamias, ex quâ orientem petentes excipit oppidum apprimè munitum, quondam stadiorum septuaginta amplitudine. » (PLIN.)

« Nous avons parlé d'Apamie en même temps que de Zeugma; en sortant d'Apamie, et en tirant vers l'orient, on trouve une autre ville très bien fortifiée, dont le circuit était autrefois de soixante-dix stades. »

On dit que le stade fut institué par Hercule; qu'il mesura lui-même de ses pieds celui qui était à Pise, près du temple de Jupiter Olympien, et qu'il le fit de la longueur de six cents pieds. D'autres stades furent institués dans différentes contrées de la Grèce; ils étaient de la longueur de six cent vingt-cinq pieds; quelquefois cependant ils avaient moins d'étendue à cause de la différence de grandeur qui se trouve entre le pied d'Hercule et celui des autres hommes. Il y eut donc deux espèces de stades, l'italique, de six cent vingt-cinq pieds, et le grec ou l'olympique, qui était de six cents pieds. Cependant quelques-uns pensent que ces deux stades ne diffèrent pas entre eux, parce que le pied grec surpasse le pied romain d'une demi-once, ou six cents demi-onces égalent les vingt-cinq pieds dont le stade romain paraît surpasser le stade grec. Selon Censorinus, il y en a un troisième de mille pieds, c'est à dire deux cents pas; on le nomme pythien.

Pythagore pensait qu'il y a mille stades de la terre à la lune.

Plusieurs pensent que cinq stades égalent un quart de lieue.

Rollin traduit *millia passúum*, mille pas, par quarante stades; car chaque mille, dit Plutarque, comprenait huit stades, à peu de chose près. Ainsi les quarante stades font un peu moins de deux lieues.

« 'Ascensum stadiorum triginta silentio emensus est (Hamilcar). » (TITE-LIVE.)

« Hamilcar franchit pendant une nuit une hauteur de trente stades. »

Stadiorum triginta: trente stades font environ une lieue et demie. (*Note de Guérin*.)

« Postquàm illi, (Romani) castris ante Panormum locatis, vix quinque stadiorum intervallum inter se et hostem reliquissent propemodum quotidiana prælia fecerit (Amilcar). »

« Il ne se passa presque point de jour qu'Amilcar n'en vint aux mains avec les commandans romains, surtout depuis qu'ils eurent été campés devant Palerme, laissant à peine l'espace de cinq stades entre eux et l'ennemi. » (TITE-LIVE.)

Quinque stadiorum, un quart de lieue. (*Note de Guérin*.)

Barthélemy assigne au stade quatre-vingt-quatorze toises trois pieds.

STATER, ERIS, m. Poids. Ce mot dérive de ἵστημι, je pèse, *appendo, pondero*.

C'est particulièrement un poids de quatre drachmes. C'est aussi une monnaie valant quatre drachmes. Il y eut des statères de différentes valeurs chez les Hébreux, les Grecs, etc.

STATERA. Ce mot à la même dérivation que le précédent. C'est un instrument au moyen duquel on pèse sans bassins (*sine lancibus*). On le prend pour *libra*, (balance).

« Dicitur etiam vidisse quondàm per quietem stateram, in mediâ parte vestibuli palatinæ domùs positam examine æquo. »

« On dit aussi qu'il (Vespasien) vit en songe une balance placée au milieu du vestibule de son palais, dans un parfait équilibre. »

T.

TALENTUM, i, *n.* Talent, somme d'or ou d'argent qui variait suivant les pays. Le grand talent contenait trente-deux mille petits sesterces, et le petit vingt-quatre mille.
(Noel.)

« Argenti atque auri memoras quæ multa talenta. »   (Virg.)

Le talent est un poids de soixante mines; ce mot signifie en grec statère, livre, balance. Le talent considéré comme valeur = 60 mines. Le mot *talent*, par son étymologie, signifie simplement, dit Eustache, poids, pesée, balance.

La mine a cent drachmes (cinquante livres de notre monnaie).

Le statère d'or valait vingt drachmes (dix livres).

Le talent attique soixante mines (mille écus).

Nous avons dit qu'il y avait encore à Athènes une monnaie particulière marquée d'un bœuf, que Thésée fit frapper le premier, et qui valait deux drachmes (vingt sous).

La drachme est à peu près du poids d'une livre.

La livre égale presque le denier romain; ainsi le talent vaut six mille drachmes, et vingt-quatre mille H. S. romains. En effet quatre H. S. composent la livre.

Telle est la valeur du talent attique, comme l'entendent presque tous les auteurs latins, à moins qu'on n'y fasse quelque addition.

« Centum oratores prima de gente latinos
Ire placet, pacisque manu prætendere ramos,
Munera portantes, auri eborisque talenta. »
(Virg.)

« Je suis d'avis que cent députés des premières familles du Latium se rendent auprès d'Énée, lui présentent le rameau de paix, et lui portent pour présens des talents d'or et d'ivoire. »

Parce que, dit Servius, l'or et l'ivoire se vendaient au poids.

« Naves duas in latitudinem patulas, pedalibus ex eodem lapide ad rationem geminati per duplicem mensuram ponderis oneratas, ita ut subirent obeliscum pendentem, extremitatibus suis in ripis utrinque : posteà egestis laterculis allevatas naves excepisse onus: statutum autem excisis sex talis à monte eodem, et artificem donatum talentis quinquagintis. » (Pline.)

« On fit passer sous l'obélisque deux vaisseaux plats de transport, l'un et l'autre fort larges, et dont les bords étaient à fleur d'eau au moyen des briques dont on les avait chargés, et qui formaient le double du poids de l'obélisque. Aussitôt que celui-ci porta sur les deux vaisseaux on les allégea de toutes les briques, et par ce moyen les deux vaisseaux se trouvèrent chargés de l'obélisque. Il y fut posé sur une base composée de six dés taillés dans la même montagne, et l'on dit qu'il fut payé à l'architecte cinquante mille talens (cent trente-quatre mille quatre cents livres, monnaie de France). » (*Traduction et note de Poinsinet*).

Poinsinet et ses coopérateurs disent dans un autre passage de Pline que 500 talens = 1,200,000 livres.

Comme Pline est une grande autorité au sujet des mesures, des monnaies et des poids romains, nous croyons qu'il n'est pas inutile de rapporter ce que La Harpe dit de la traduction que nous avons suivie.

« Nous avons, dit ce fameux critique, une traduction complète de l'Histoire naturelle de Pline, traduction médiocre en elle-même, mais précieuse par les recherches d'érudition et de physique dont elle est accompagnée, et qui sont en partie le fruit des veilles de plusieurs savans. »

Plusieurs traducteurs de Tite-Live traduisent *mille talenta argenti*, environ trois millions de livres. Ils ajoutent : *suivant notre manière de compter.*

Nous avons dit que plusieurs calculateurs pensent que le talent attique est égal au talent euboïque; mais Festus dit que le talent euboïque est moindre d'un tiers que le talent attique.

Il y avait aussi, dit Facciolati, une autre espèce de talent attique qu'on appelait le grand talent (*majus* vel *magnum*). Il surpassait l'autre d'un tiers, puisque l'autre valait soixante mines, et celui-ci quatre-vingts. C'est de ce talent qu'il est question dans ce passage de Tite-Live.

« *Argenti probi duodecim millia attica talenta dato ; talentum ne minus pondo octoginta romanis ponderibus pendat.* »

« Donnez douze mille talens attiques de bon argent ; que le talent ne pèse pas moins de quatre-vingts poids romains. »

« *Legibus his transactum ut Hiero quæ de Romanis sociisve eorum loca quosque homines cepisset sine pretio restitueret, argentique talenta centum penderet.* » (Tite-Live.)

« La paix fut conclue aux conditions que Hiéron rendrait gratuitement aux Romains et à leurs alliés toutes les places et tous les hommes qu'il avait pris sur eux, qu'il paierait cent talents, » etc.

Talenta centum. Guérin et Rollin évaluent cette somme à cent mille écus.

« *Hamilcar, Numidiam Mauritaniamque pervagatus, tractum cum omnem perpacaverat, imperatis pœnæ loco mille talentis argenti,* » etc.   (Tite-Live.)

« Hamilcar, en parcourant la Numidie et la Mauritanie, en avait fait rentrer tous les peuples dans le devoir. Une amende de mille talens d'argent fut la peine de leur soulèvement. »

« *Postulantibus Romanis, ad priorem summam adjecerunt Pœni argenti talenta mille ducenta.* » (Tite-Live.)

« Les Carthaginois furent encore obligés de payer aux Romains, outre les sommes convenues, celle de douze cents talens d'argent. »

Argenti talenta, etc., deux millions quatorze cent mille livres à peu près.

« *Ingenti consensu fit senatusconsultum ut Annibali quatuor Numidarum millia in supplementum mitterentur, et quadraginta elephanti, et argenti multa talenta.* » (Tite-Live.)

« Il y eut presque unanimité dans le sénat pour envoyer à Annibal un renfort de quatre mille Numides, quarante éléphans et une somme d'argent considérable. »

Argenti multa ou plutôt *mille talenta*, environ trois millions.

« *Decem millia talentûm argenti descripta pensionibus æquis in annos quinquaginta solverent.* » (Tite-Live.)

« Ils (les ambassadeurs) devaient payer aux Romains, en cinquante années, dix mille talens partagés en parties égales. » (Tite-Live.)

Dix mille talens attiques faisaient trente millions ; ceux-ci, qui étaient des talens euboïques, faisaient un peu moins.   (Rollin.)

Nous avons dit que, selon plusieurs écrivains, le talent euboïque en valait que les deux tiers du talent attique. Il en est d'autres qui supposent ces deux talens égaux.

Talentum euboicum.

« *Convenit ut argenti puri talenta euboica bis mille et ducenta per annos viginti æquis pensionibus penderent.* » (Tite-Live.)

« On convint qu'ils (les Carthaginois) leur (aux Romains) paieraient en vingt ans deux mille deux cents talens euboïques d'argent en vingt paiemens égaux. »

« *Cum Philippo ita convenit ut Demetrium filium, et quondam ex amicorum numero obsides, et ducenta talenta daret.* » (Tite-Live.)

« Philippe convint de livrer pour otages son fils Démétrius, et quelques-uns de ses principaux courtisans, et de donner deux cents talens »

Deux cent mille écus, si on estime le talent trois mille livres, comme nous avons déjà fait en faveur du nombre rond, car il valait un peu moins. *(Note de Guérin.)*

« Argenti quingenta millia talentorum reportavit (Cyrus) et craterem Semiramidis, cujus pondus quindecim talenta colligebat. Talentum autem ægyptium pondo LXXX patere Varro tradit. » (PLINE.)

« Cyrus reçut un butin en argent de cinquante mille talens, outre le cratère ou grand plat de service de Sémiramis, qui pesait cinquante talens. Il s'agit de talens égyptiens, qui sont du poids de quatre-vingts livres selon Varron.

C'était aussi l'estimation du talent chez les Romains. *(Note de Poinsinet.)*

Le talent était chez les Egyptiens et chez plusieurs nations orientales le principal poids et une monnaie; mais il n'était pas uniforme.

TERUNCIUS, II, *m.* Petite pièce de monnaie qui valait la quatrième partie de l'as romain.

Les racines de ce mot sont *tres unciæ*. Il est synonyme de *quadrans* (quadrant).

« Ce mot est resté en usage pour exprimer une petite pièce ou la plus petite somme d'argent. »

« Mansit in usu loquendi ad significandum exiguum nummum, aut minimam pecuniæ summam. » (PLINE.)

Nous avons cité sur ce mot un passage de Cicéron. *V.* LIBELLA.

« His ego duobus generibus facultatem ad se ære alieno liberandas aut levandas dedi; uno quod omninò nullus in imperio meo sumptus factus est. Nullum cum dico non loquor, ὑπερβολικῶς, nullus, inquam, ne teruncius quidem. » (CIC.)

« J'ai fourni aux villes deux grands moyens pour s'acquitter; le premier en ne tirant rien de la province pour ma subsistance. Quand je dis rien, je n'exagère point, et il est vrai à la lettre qu'il ne leur en coûtera pas une obole. »

Teruncius exprime la quatrième partie d'un tout quelconque.

« Fecit palàm (hæredem) te ex libellà, me ex teruncio. » (CIC.)

TETARLON. Nom d'une ancienne mesure de blé grecque.

1 tetarlon = 1 1/2 hemiectos.

TETRADRACHMUS, 1, *m.* Le tétradrachme = 4 drachmes, comme son nom le montre. Rac. τέσσαρες ou τέτταρες, *quatuor*; δραχμή, *drachma*.

« Posteaquàm Romam ventum est, senatus extra urbem Quintio ad res gestas edisserendas datus est, triumphusque ab lubentibus decretus. Triduùm triumphavit; die primo arma, tela, signaque ærea et marmorea transtulit, plura Philippo adempta quàm quæ ex civitatibus ceperat; secundo die aurum argentumque factum infectumque et signatum. Infecti argenti fuit decem et octo millia pondo et ducenta septuaginta facti; vasa multa omnis generis. Signati argenti octoginta quatuor millia fuère atticorum, quod tetradrachmum vocant; trium fere denariorum in singulis argenti est pondus. Auri pondo fuit tria millia septingenta et clypeum unum ex auro totum; et Philippei nummi aurei quatuordecim millia quingenti quatuordecim. His (militibus) duceni quinquageni æris in pedites divisi : duplex centurioni, triplex equiti. » (TITE-LIVE.)

« A l'arrivée de Quintius le sénat lui donna audience hors de la ville, entendit avec le plus vif intérêt le compte qu'il rendit de sa conduite, et lui décerna d'un consentement unanime le triomphe qu'il avait si bien mérité. La pompe dura trois jours; le premier on vit passer les armes, les traits, les statues de bronze et de marbre, pour la plupart enlevées à Philippe; le second jour, parut tout l'or et l'argent travaillé, monnayé, ou en lingots. Il s'y trouva dix-huit mille livres d'argent en barre, et deux cent soixante-dix mille de façonné; quantité de vases de toute espèce, la plupart ciselés. En argent monnayé il y avait environ quatre-vingt-quatre mille pièces attiques appelées *tétradrachmes*, chacune à peu près du poids de quatre deniers. L'or montait à trois mille sept cent quatorze livres pesant, outre un bouclier massif de même métal, et quatorze mille cinq cent quatorze philippes d'or. Chaque fantassin eut une gratification de deux cent cinquante pièces d'airain, chaque centurion le double, et chaque cavalier le triple. »

Argenti fuit decem et octo millia pondo, vingt-sept mille marcs. *(Note de Guérin.)*

Ducenta septuaginta facti. Par argent façonné il faut entendre la vaisselle ou les statues et autres pièces de ce métal travaillées. Or deux cent soixante-dix livres pesant font quatre cent cinq mille marcs. (GUÉRIN.)

Signati argenti octoginta quatuor millia fuêre atticorum, cinq mille cinq cent soixante-onze marcs. *(Idem.)*

Trium ferè denariorum. Le denier romain avait à peu près la valeur de la drachme attique ; ainsi il faut lire *quatuor* au lieu de *trium*. (CRÉVIER.)

Auri pondo fuit tria millia septingenta quatuordecim, cinq mille huit cent trois marcs une once. *(Idem.)*

Un traducteur anglais de Tite-Live évalue le tétradrachme à deux francs.

TRIENS, ENTIS, *m.* Trient, la troisième partie d'un tout, d'un poids, d'une mesure, etc.; pièce de monnaie valant la troisième partie de l'as romain.

Le *triens* est le tiers de l'as comme le *quadrans* en est le quart.

« Dolabellam video Liviæ testamento cum duobus cohæredibus esse in triente. Id φιλοσοφώτερον διακρινησομεν cum sciemus quantumque sit in triente. » (CIC.)

« J'apprends que Livie a fait à Dolabella un legs de la neuvième partie de son bien. Nous raisonnerons plus juste et plus sûrement là-dessus quand nous saurons à quoi peut se monter ce neuvième. »

Triens, chez les mathématiciens, exprime la troisième partie du nombre 6 : 6/3 = 2.

Il désigne une pièce d'or valant la troisième partie de l'as, à peu près une obole. Il s'emploie adjectivement.

Usuræ trientes signifie que l'on paie quatre pour cent ; 4 o/o par an.

« Cum tertia pars centesimæ quotannis penditur. »

Triens exprime aussi la troisième partie du pied, d'un arpent.

L'arpent (*jugerum*) ayant vingt-huit mille huit cents pieds carrés, le *triens* sera de neuf mille six cents pieds.   (COL.)

Triens signifie aussi quatre cyathes. En effet quatre cyathes sont le tiers d'un setier, qui contient douze cyathes.

Triens est aussi le nom d'un vase qui contenait quatre cyathes, et dont on faisait usage dans les festins.

TRIENTAL, ALIS, *n.*, était un vase ou gobelet contenant la troisième partie d'un setier.

« Tremor inter vina subit, calidumque triental
Excutit è manibus. »
(PERS.)

« La fièvre le surprend au milieu des verres, et renverse de ses mains le vase rempli de vin chaud. »

On dit aussi *trientem* ; cela revient au même.

TRIENTARIUS, II, *m.* Qui contient un *triens*.

« Les usures trientaires sont celles que l'on paie tous les trimestres, à raison de quatre pour cent. »

« Trientariæ usuræ, quibus quaterna annua (non duodecim) pro centum penduntur. »

TRULLA, Æ, *f.* C'est un synonyme de *hemina*. *Voyez* ce mot.

« Erat vas vinarium ex una gemma per-

grandi, trulla excavata, manubrio aureo. »
(Cic.)

« Il y avait un vase à vin, *trulla*, d'une pierre précieuse considérable, et dont l'anse était d'or. »

U

UNCIA, æ, *f.* Once. Douzième partie de l'as, d'un tout quelconque.

L'once est aussi la douzième partie de la livre.

L'once est par rapport à la livre ce que le mois est par rapport à l'année.

« Unciaque in libra pars est quæ mensis in anno. » (Fann.)

« Diluti bibis unciam Falerni. »

« Tu bois une demi-tasse (*uncia*) de Falerne bien lavé. »

Les parties de l'once sont : *semuncia, drachma, sextula, duella, siclus.*

« Hæredem cùm me partis tibi, Gallice, quartæ
Per tua jurasses sacra caputque tuum,
Rari Laurentem ponderis aprum
Misimus: Ætolâ de Calydone putes.
Nec costa data est caudave missa mihi.
De quadrante tuo qui sperem, Gallice? nullâ
De nostro nobis uncia venit apro. »
(Mart.)

« Tu m'as juré, par tes dieux, sur ta tête, Gallicus, que je serais héritier d'un quart de ton bien. Je t'ai fait porter un sanglier d'un poids énorme et rare; on l'eût pris pour celui de Calydon en Etolie. Il ne m'en est pas revenu une côtelette, un bout de queue. Que puis-je donc espérer de ton quart, Gallicus, n'ayant pas eu seulement une once de mon sanglier? »

« Neque piscium ullam unciam hodiè pondo cepi. » (Plaute.)

« Je n'ai pas même pris une once de poisson aujourd'hui. »

« Ex unciâ hæres erat patris sui Galla. »
(Suet.)

« Galla hérita de la douzième partie du bien de son père. »

UNCIARIUM FŒNUS, intérêt d'un pour cent, le seul qui fût permis par la loi des douze tables.

« Deunciario fœnore, à M. Duilio, L. Mænio, tribunis plebis, rogatio perlata est. »

« M. Duilius et L. Mænius, tribuns du peuple, firent passer une loi (*rogatio*) touchant la réduction de l'intérêt à un pour cent par an. »

Chez les Romains *uncia* est la douzième partie d'un tout quelconque. Les intérêts à un pour cent par mois, douze pour cent par an, étaient ce qu'ils appelaient *centesimæ usuræ*. Le *fœnus unciarium* était la douzième partie des *usuræ centesimæ*, et par conséquent donnait un pour cent par an. C'est ainsi que Gronovius et le plus grand nombre des savans expliquent le *fœnus unciarium* c'est à dire un pour cent par an, et c'est le taux où la loi des douze tables avait fixé l'intérêt qu'elle permettait d'exiger. Quelque médiocre qu'il fût, il parut encore excessif; et dix ans après cet intérêt fut réduit à la moitié; enfin il fut entièrement défendu.

(*Note tirée de Rollin.*)

Voici comment s'exprime Facciolati :

« Usura uncia quæ sæpius *unciarium* dicitur est pars duodecima usuræ centesimæ : centesima autem erat cum centesima pars sortis (*sors* est le capital) singulis mensibus solvebatur, hoc est duodecim pro centum in annos singulos.

« Dicitur etiam unciarium quia sicut uncia est assis pars duodecima, ita hæc usura est pars duodecima *centesimæ*, quæ est velut *as*, et maximè usurarum, douze pour cent. »

« Semunciaria autem sex pro centum. Itaque usura quæ duodecim solvit pro centum assibus duo habet nomina : cum centesima dicitur, refertur ad sortem quæ est centum ; cum uncia et unciaria ad as quatenus ipsam sortem significat; hoc verò in aliis minoribus usuris locum non habet, quæ una appellatione efferuntur *triens, quadrans, semis* et quæ solum ab as descendunt. Sunt tamen qui docent unciariam usuram esse omnium levissimam, et centesimæ oppositam quâ scilicet unum pro centum, non singulis mensibus, sed singulis annis solveretur, *un pour cent;* quæ si quando in usu fuisset, non erat cur in XII tabellis caveretur ne quis unciario fœnore plus exerceret, quod refert Tacitus, annal., 6, cap. 16. »

URCEUS, I, *m.* Vase d'argile à anse. Il servait à plusieurs usages, et surtout pour donner de l'eau aux convives.

Caton le fait du genre neutre.

« Urceum aheneum quod capiat quadrantalia quinque ; *suspectus genere* est hic locus præsertim ob magnitudinem. » (*Note de Facciolati.*)

« Amphora cœpit
Institui, currente rotâ, cur urceus exit ? »

« Un potier ayant commencé un grand vase n'en fait qu'un très petit à force de tourner sa roue. » (*Traduction du P. Tarteron.*)

URNA, æ, *f.* Urne, mesure de liquides contenant la moitié de l'amphore, c'est à dire quatre conges, qui font vingt-quatre setiers ou quarante-huit hémines.

« On a donné le nom d'urne à ce vase, parce que, enfoncé dans l'eau, et reparaissant à sa surface, il représente un homme qui plonge. »

« Ita dictum quod subter aquam demersum, atque indè rursus emergens urinantis (un plongeon) speciem præbere videatur. »

« Quid tibi vis ? calido sub pectore mascula bilis
Intumuit, quam non exstinxerit urna cicutæ. »
(PERS.)

« Quel est votre dessein ? quelle est cette ardeur de courage qui a tout à coup enflammé vos esprits et qu'une urne entière de ciguë ne pourrait éteindre. »

Caton dit que l'urne est un vase à huile ; il contient, suivant cet agronome ancien, cinquante setiers ; cette mesure excède de beaucoup l'urne ordinaire, qui n'en contient que vingt-quatre.

Juvénal prend ce vase pour une mesure quelconque de vin.

USURA vel Fœnus exprime l'intérêt de l'argent. Ces mots ont pour synonymes *fructus, merces, impendium. Caput* ou *sors* et même *fœnus* désignent le capital avec les intérêts.

L'intérêt d'un pour cent par mois s'appelait *usura centesima*, parce que dans l'espace de cent mois la somme des intérêts devenait égale à la somme principale, ou *asses usuræ*, ce que nous appelons douze pour cent par an, et de même (Pline) *duodenis assibus debere vel mutuari, centesimas computare.* Ce taux formait l'intérêt légal à Rome, au moins vers la fin de la république et sous le règne des premiers empereurs; quelquefois il était le double, *binæ centesimæ*, vingt-quatre pour cent, et même quarante-huit pour cent, *quaternæ centesimæ*.

Horace, comme nous l'avons vu, parle d'un particulier demandant soixante pour cent :
« quinas hic capiti (principal) mercedes (intérêts) exsecat; id est quintuplices usuras exigit, vel quinis centesimis fœnerat.

De cent écus que Fufidius prête, il en prend cinq d'intérêt par mois.

Quand à la fin de l'année on ajoutait l'intérêt au principal, et qu'on exigeait l'intérêt de ces deux sommes, cela s'appelait *centesimæ renovatæ*, ou *anatocismus*.

Anniversarius, intérêt composé; si l'on

n'ajoutait pas l'intérêt, *centesimæ perpetuæ* ou *fœnus perpetuum.*

Usuræ semisses, six pour cent; *trientes*, quatre pour cent; *quadrantes*, trois pour cent; *besses*, huit pour cent, etc. *Usuræ legitimæ vel licitæ*, intérêt légal, *illicitæ* vel *illegitimæ*, illégal.

Le mot *usura* s'emploie ordinairement au pluriel, et le mot *fœnus* au singulier.

Fœnus unciarium vel *unciæ usuræ* fut réduit à la moitié l'an 408 de la fondation de Rome, de là le mot *semunciarium*. Mais les usuriers éludèrent cette loi.

Le passage suivant est extrait du traité d'économie politique de J. B. Say, sur la nature de l'intérêt de l'argent chez les anciens et chez les modernes.

« L'intérêt des capitaux prêtés, mal à propos nommé *intérêt de l'argent*, s'appelait auparavant usure (loyer de l'usage, de la jouissance), et c'était le mot propre, puisque l'intérêt est un prix, un loyer qu'on paie pour avoir la jouissance d'une valeur. Mais ce mot est devenu odieux; il ne réveille plus que l'idée d'un intérêt illégal, exorbitant, et on lui en a substitué un autre plus honnête et moins expressif, selon la coutume.

« Avant qu'on connût les fonctions et l'utilité d'un capital, peut-être regardait-on la redevance imposée par le prêteur à l'emprunteur comme un abus introduit en faveur du plus riche au préjudice du plus pauvre. Il se peut encore que l'épargne, seul moyen d'amasser des capitaux, fût considérée comme une lésine nuisible au public, qui regardait comme perdues pour lui les sommes que les grands propriétaires ne dépensaient pas. On ignorait que l'argent épargné pour le faire valoir est dépensé tout de même (puisque si on l'enfouissait on ne le ferait pas valoir), qu'il est dépensé d'une manière cent fois plus profitable à l'indigence et qu'un homme laborieux n'est jamais assuré de pouvoir gagner sa subsistance que là où il se trouve un capital mis en réserve pour l'occuper. Ce préjugé contre les riches qui ne dépensent pas tout leur revenu est encore dans beaucoup de têtes, mais autrefois il était général; il était partagé même par les prêteurs, qu'on voyait, honteux du rôle qu'ils jouaient, employer pour toucher un profit très juste et très utile à la société le ministère des gens les plus décriés.

« Il ne faut pas s'étonner que les lois ecclésiastiques et à plusieurs époques les lois civiles elles-mêmes aient proscrit le prêt à intérêt; et que, durant tout le moyen âge, dans les grands états de l'Europe, ce trafic, réputé infâme, ait été abandonné aux Juifs. Le peu d'industrie de ces temps-là s'alimentait des maigres capitaux des marchands et artisans eux-mêmes; l'industrie agricole, celle qui se suivait avec plus de succès, marchait au moyen des avances des seigneurs et des grands propriétaires, qui faisaient travailler des serfs ou des métayers. On empruntait moins pour trafiquer avantageusement que pour satisfaire à un besoin pressant; alors exiger un intérêt n'était autre chose qu'asseoir un profit sur la détresse de son prochain, et l'on conçoit que les principes d'une religion toute fraternelle, comme l'est la religion chrétienne, devaient réprouver un tel calcul, qui maintenant encore est inconnu des âmes généreuses, et condamné par les maximes de la morale la plus ordinaire. Montesquieu attribue à cette proscription du prêt à intérêt la décadence du commerce; c'est une des raisons de sa décadence; mais il y en avait beaucoup d'autres.

« Les progrès de l'industrie ont fait considérer un capital prêté sous un tout autre jour. Ce n'est plus maintenant, dans les cas ordinaires, un secours dont on a besoin; c'est un agent, un outil dont celui qui l'emploie peut se servir très utilement pour la société et avec un grand bénéfice pour lui-même. Dès lors, il n'y a pas plus d'avarice ni d'immoralité à en tirer un loyer qu'à tirer un fermage de sa terre, un salaire de son industrie; c'est une compensation équitable, fondée sur une convenance réciproque; et la convention entre l'emprunteur et le prêteur par laquelle ce loyer est fixé est du même genre que toutes les conventions....

« On a constamment réveillé l'usure quand on a voulu limiter le taux de l'intérêt ou l'abolir entièrement. Plus les menaces étaient violentes, plus l'intérêt de l'argent s'élevait; c'était le résultat de la marche ordinaire des choses. Plus le prêteur courait de risques, plus il avait besoin de s'en dédommager par une forte prime d'assurance.

« A Rome, pendant tout le temps de la république, l'intérêt de l'argent fut énorme; on l'aurait deviné si on ne l'avait pas su: les débiteurs, qui étaient les plébéiens, menaçaient continuellement leurs créanciers, qui étaient les patriciens.

« Mahomet a proscrit le prêt à intérêt: qu'arrive-t-il dans les états musulmans? On prête à usure. Il faut bien que le prêteur s'indemnise de l'usage de son capital qu'il cède, et de plus du péril de la contravention...

« Les Athéniens distinguaient jadis l'intérêt maritime de l'intérêt terrestre; le premier allait à trente pour cent, plus ou moins, par voyage, soit au Pont-Euxin, soit dans un des ports de la Méditerranée. On pouvait bien faire deux voyages par an, ce qui faisait revenir l'intérêt annuel à soixante pour cent environ, tandis que l'intérêt terrestre ordinaire était de douze pour cent. Si l'on suppose que dans les douze pour cent de l'intérêt terrestre il y en avait la moitié pour couvrir le risque du prêteur, on trouvera que le seul usage annuel de l'argent à Athènes valait six pour cent, estimation que je crois encore au-dessus de la vérité; mais en la supposant bonne, il y avait donc dans l'intérêt maritime cinquante-quatre pour cent payés pour l'assurance du prêteur! il faut attribuer cet énorme risque, d'une part, aux mœurs encore barbares des nations avec lesquelles on trafiquait; les peuples étaient bien plus étrangers les uns aux autres qu'ils ne le sont de nos jours, et les usages commerciaux bien moins respectés. On courait plus de risques pour aller du Pyrée à Trebizonde, quoiqu'il n'y eût pas trois cents lieues à faire, qu'on n'en court à présent pour aller de Lorient à Canton, qui sont à plus de sept mille lieues de distance. Les progrès de la géographie et de la navigation ont ainsi contribué à faire baisser le taux de l'intérêt et par suite le prix coûtant des produits. »

Mensarii vel *trapezitæ* étaient les banquiers; *argentarii* vel *collybistæ* étaient ceux qui faisaient valoir leur argent.

Tout ce qui reste à dire sur l'usure et les dettes est expliqué à l'article *pensio*.

V

VICTORIATUS, i, *m.* Victoriat; monnaie ainsi appelée parce qu'elle portait une figure de la Victoire. Elle valait un demi-denier, ou deux sesterces; ainsi trois victoriats faisaient quinze sous.

« Victoriatus, inquit Volusius Mæcianus, nunc tantumdem valet quantum quinarius olim: ne peregrinus nummus loco mercis, ut nunc tetradrachmum, et drachma habebatur. » (Pline)

Le lecteur doit se rappeler ce passage de Cicéron, où se trouvent ces mots:

« Croduni Porcium et Numium teruos victoriatos, » etc.

Nous avons dit aussi que Marcellus Empiricus faisait le victoriat ou demi-denier de trois oboles.

X.

XESTES, ancienne mesure de blé grecque. 2 sextes = 1 chœnix; 4 chœnices = 1 hemihectos; 1 1/2 hemihectos = 1 tetarlon; 2 hemihecti = 1 modius; 6 modii = 1 medimnus ou achana.

Nous avons fait observer que Paucton dit que le medimnus = 3 1/2 boisseaux français.

TABLEAU

DES

ANCIENS POIDS ET MESURES

DES GRECS, DES ROMAINS, DES HÉBREUX ET DES ÉGYPTIENS,

RÉDIGÉ PAR ORDRE DU GOUVERNEMENT ANGLAIS.

ANCIENNES MESURES DE LONGUEUR GRECQUES.

Les deux mesures de longueur *olympique* et *pythienne* étaient en usage dans la Grèce ; le Péloponèse, l'Attique, la Sicile et les villes grecques d'Italie employaient la mesure olympique ; la Thessalie, l'Illyrie, la Phocide, la Thrace et Marseille dans la Gaule faisaient usage de la mesure pythienne.

Les divisions suivantes étaient communes à ces deux mesures :

4 dactyles = 1 paleste ; 4 palestes = 1 pied.

1 1/2 pied = 1 coudée ou cubit.

10 pieds = 1 decapodon ; 600 pieds ou 400 coudées = 1 stade.

Des calculateurs ont ainsi évalué diversement le pied olympique, vulgairement nommé pied grec.

1 pied olympique ou grec = 0,3075 mètres.
Idem. = 0,3066
Idem. = 0,3069.
1 pied pythien, dit aussi pied naturel = 0,2481.
Idem. = 0,2472.

Le stade olympique était évalué 184,2516 mètres ;

Le stade pythien ou delphien, 148,5900 mètres.

Les autres mesures étaient en proportion.

Le pied phylétérien, qui est la même chose que la coudée pythienne = 1 1/2 pied Pythien.

Le pied macédonien = 0,3535 mètres ;

Le pied sicilien d'Archimède = 0,2225 mètres.

TABLEAU

ANCIENNES MESURES DE SUPERFICIE GRECQUES.

MESURE AGRAIRE OLYMPIQUE.

36 pieds carrés olympiques = 1 hexapodon;
64 hexapoda = 1 hemihectos; 2 hemihecti = 1 hectos ou modius;
6 modii = 1 medimnus ou jugerum.
Le jugerum olympique = 26,0504 ares.

MESURE AGRAIRE PYTHIENNE.

1666 2/3 cubits carrés = 1 hemihectos; 2 hemihecti = 1 modius; 6 modii = 1 medimnus ou jugerum.
Le jugerum pythien = 27,5679 ares.

ANCIENNES MESURES LIQUIDES GRECQUES.

1 1/2 cyathus = 1 oxybathon; 6 cyathi = 1 cotylus;
2 cotyli = 1 xestes; 6 xestes = 1 chous; 6 choi = 1 amphoreus;
Paucton prétend que le kéramion est égal à trente-cinq pintes françaises; les autres mesures plus petites sont en proportion.

ANCIENNES MESURES DE BLÉ GRECQUES.

2 xestes = 1 chœnix; 4 chœnices = 1 hemihectos;
1 1/2 hemihectos = 1 télarlon; 2 hemihecti = 1 modius;
6 modii = 1 medimnus ou achana.
Paucton dit que le medimnus = 3 1/2 boisseaux français.
Les mesures plus petites sont en proportion.

ANCIENS POIDS GRECS.

6 chalci = 1 obolus; 6 oboli = 1 drachme;
2 drachmes = 1 didrachme.
20 drachmes = 1 statera d'or ou aureus;
100 drachmes = 1 mine attique;
60 mines attiques = 1 talent attique ou euboïque;

10 talens attiques = 1 talent d'or.

Il y avait une mine plus petite qui contenait 75 drachmes.

Voici les valeurs des poids grecs suivant divers auteurs :

La drachme attique	= 3,551;
La mina attique	= 355,160;
La mina attique médicinale	= 454,610;
La drachme attique	= 3,372;
La mina attique	= 337,285;
La plus faible mina attique	= 252,920;
Le drachme attique	= 4,485;
La mina attique	= 448,500.

Suivant Arbuthnot, il y a une ancienne drachme grecque qui répond à 9,522 grammes.

ANCIENNES MESURES DE LONGUEUR ROMAINES.

6 scrupula = 1 sicilicum; 8 scrupula = 1 duellum;
1 1/2 duellum = 1 semiuncia;
18 scrupula = 1 digitus; 1 1/2 digitus, ou 24 scrupula, = 1 uncia ou pouce.
3 unciæ = 1 palma; 12 unciæ = 1 pes ou pied;
1 1/2 pied = 1 cubit.

Les fractions du pied étaient ainsi nommées :

2 unciæ = 1 sextans; 3 unciæ = 1 quadrans, ou teruncius; 4 unciæ = 1 triens; 5 unciæ = 1 quincunx; 6 unciæ = 1 sexunx ou semis; 7 unciæ = 1 septunx; 8 unciæ = 1 bes ou bessis; 9 unciæ = 1 dodrans; 10 unciæ = 1 dextans; 11 unciæ = 1 deunx.

ANCIENNES MESURES ITINÉRAIRES ROMAINES.

2 1/2 pedes ou pieds = 1 gradus; 2 gradus = 1 passus; 2 passus = 1 decempeda; 100 passus = 1 mille.

Différens auteurs ont ainsi établi la longueur du pied romain :

1 pied romain	= 0,2956;
Idem	= 0,2947;
Id.	= 0,2944;
Id. avant Titus	= 0,2956;
Id. après Titus	= 0,2941;
Id. déduit des règles	= 0,29480;
Id. d'édifices	= 0,29507;
Id. de pierre tumulaire	= 0,29553.

Ainsi 0,2946 font un medium; le mille romain = 1473,098 mètres.

ANCIENNES MESURES DE SUPERFICIE ROMAINES.

100 pieds carrés romains = 1 scrupulum de terre; 4 scrupula = 1 sextulus; 1 1/2 sextulus = 1 actus; 6 sextuli ou 5 actus = 1 uncia de terre; 6 unciæ = 1 actus carré; 2 actus carrés = 1 jugerum; 2 jugera = 1 hæredium; 100 hæredia = 1 centuria.

L'actus était une pièce de terre de quatre pieds romains de large sur cent vingt de long. Le jugerum se divisait aussi en douze unciæ, et ses fractions s'appelaient *sextans*, *quadrans*, etc., comme les fractions du pied romain.

En mettant le pied romain, comme ci-dessus, à 0,2946 mètres, le jugerum romain sera de 499508 ares.

ANCIENNES MESURES DE BLÉ ROMAINES.

4 ligulæ = 1 cyathus; 1 1/2 cyathus = 1 acetabulum;

4 acetabula = 1 hemina, ou trulla;

2 heminæ = 1 sextarius; 1 1/2 sextarius = 1 chœnix;

16 sextarii = 1 modius.

Suivant Paucton le sextarius était 0,6453 d'une pinte de France; le modius était de 96805 litres.

ANCIENNES MESURES LIQUIDES ROMAINES.

Le sextarius et ses divisions, comme ci-dessus, étaient en usage chez les Romains dans les mesures liquides; celles d'une plus grande capacité étaient comme il suit :

6 sextarii = 1 congius; 4 congii = 1 urna; 2 urnæ = 1 amphora, 20 amphoræ = 1 dolium.

L'amphora étant, comme ci-dessus, de 290417 litres, le dolium sera 5808348 litres.

ANCIENS POIDS ROMAINS.

3 siliquæ = 1 simplium; 6 siliquæ = 1 scrupulum;

3 scrupula = 1 denarius de Néron;

3 3/7 scrupula = 1 denarius de Papyrius; 4 scrupula = 1 sextulus; 1 1/2 sextulus = 1 sicilicum;

2 sextuli = 1 duellum; 6 sextuli, 7 denarii de Papyrius, ou 8 denarii de Néron = 1 uncia ou once;

12 unciæ = 1 libra ou livre; 100 libræ = 1 centum pondium.

Les fractions de la libra, comme les fractions du pied, se nommaient *sextans*, *quadrans*, etc.

Différens auteurs ont établi comme il suit le poids du denarius romain, once et livre:

Le denarius, septième partie de l'once =	4,056;
L'once =	28,392;
La livre =	340,704.
Le denarius, huitième partie de l'once =	3,373;
L'once =	26,981;
La livre =	323,772.
Le denarius de Papyrius =	4,004;
Le denarius de Néron =	3,503;
L'once =	28,024;
La livre =	336,288.

ANCIENNES MESURES DE LONGUEUR DES JUIFS OU DE L'ÉCRITURE.

4 digits = 1 palm; 3 palms = 1 span; 2 spans = 1 cubit; 4 cubits = 1 fathom; 2 fathoms = 1 pôle arabe; 10 poles = 1 shœnus.

Le shœnus = 44,475 mètres, et le reste en proportion; le cubit ou coudée de l'Ecriture était de 0,559 mètres.

ANCIENNES MESURES ITINÉRAIRES JUIVES.

400 cubits = 1 stadium; 5 stadia = 1 traite de jour de sabbat; 10 stadia = 1 mille oriental; 3 mille orientaux = 1 parasang; 8 parasangs = 1 traite de jour;

1 traite de jour = 53,375 kilomètres, et la traite de jour de sabbat = 1,072 kilomètres environ.

ANCIENNES MESURES SÈCHES JUIVES.

20 grachal = 1 cab; 1 4/5 cab = 1 gomor; 3 1/3 gomor = 1 seah; 3 seahs = 1 ephah; 5 ephahs = 1 leteeh; 2 leteeh = 1 comer.

Le comer = 71,027 litres; les mesures inférieures sont en proportion.

ANCIENNES MESURES LIQUIDES JUIVES.

2 2/3 caph = 1 log; 4 logs = 1 cab; 3 cabs = 1 hin; 2 hins = 1 seah; 3 seahs = 1 bath ou ephah; 10 ephap = 1 comer, homer ou corus.

Le chomer = 255,775 litres; les mesures plus petites sont en proportion.

ANCIENS POIDS JUIFS.

60 shekels = 1 maneh; 50 manehs = 1 talent; 1 talent = 42,485 kilogrammes; les autres poids sont en proportion.

ANCIENS POIDS ÉGYPTIENS.

En Egypte le talent se divisait en 60 mines, la mine en 100 drachmes; la mine ou 100 drachmes = 32,369 kilogrammes. La mina, nommée quelquefois livre, contenait 16 onces; mais la livre nommée *litra* ou *ratel* se divisait en 12 onces : ce poids égalait 447,590 grammes; il était en usage dans toute l'Arabie et l'Asie mineure. L'once se divisait en un certain nombre de dirhems. Le dirhem était de 12 carats; le carat contenait 4 grains.

L'évêque de Cumberland croit que la livre avoir du poids dérive de la mina d'Egypte; mais les auteurs ne s'accordent pas sur ce sujet.

ANCIENNES MESURES DE LONGUEUR ÉGYPTIENNES.

2 fingers = 1 condyle; 2 condyles = 1 palm; 4 palms = 1 pied géométrique; 5 palms = 1 cubit.

Ce cubit était de la longueur du coude jusqu'au poignet; dans d'autres pays il était de la longueur du coude jusqu'au bout des doigts; il était de la moitié plus long que celui d'Egypte.

Plusieurs nations anciennes se servaient du cubit égyptien pour l'étalon de leurs mesures; des auteurs pensent que c'était le même que celui dont il est fait mention dans Hérodote, Pline et autres auteurs anciens; ils pensent aussi que c'est de ce cubit qu'il est question dans le *Livre des Juges*.

SECONDE PARTIE.

TABLEAU

DES LETTRES

DONT LES ROMAINS SE SERVAIENT POUR COMPTER.

I	= 1.	L	= 50.
II	= 2.	LI	= 51.
III	= 3.	LX	= 60.
IIII	= 4 ou IV = 5 − 1.	LXX	= 70.
V	= 5.	LXXX	= 80.
VI	= 6.	XC	= 90.
VII	= 7.	C	= 100.
VIII	= 8.	CX	= 110.
VIIII	= 9 ou IX = 10 − 1.	CC	= 200.
X	= 10.	CCC	= 300.
XI	= 11.	CCCC	= 400.
XII	= 12.	D	= 500.
XIII	= 13.	DC	= 600.
XIIII	= 14.	DCCCC ou CM	= 900.
XV	= 15.	M ou CIƆ	= 1000.
XVI	= 16.	IƆƆ	= 5000.
XVIIII ou XIX	= 19.	CCIƆƆ	= 10,000.
XX	= 20.	IƆƆƆ	= 50,000.
XXX	= 30.	CCCIƆƆƆ	= 100,000.
XXXX ou XL	= 40.		

N'ayant pas de signe pour exprimer les nombres au-delà de cent mille, les Romains se servaient des adverbes numériques qui indiquaient combien de fois on prenait cent mille : decies signifiait dix fois cent mille, ou 1,000,000.

ANNÉE ROMAINE.

Romulus fonda le calendrier romain; il composa l'année de dix mois; voici leurs noms : mars, avril, mai, juin, quintile, sextile, septembre, octobre, novembre, décembre. Il donna trente-un jours à chacun de ces quatre mois, mars, mai, quintile et octobre; chacun des six autres mois n'avait que trente jours; ainsi la somme des jours de l'année faisait trois cent quatre. Romulus s'imaginait que le soleil n'employait que ce nombre de jours pour parcourir les différentes saisons de l'année; il reconnut son erreur, et crut la rectifier au moyen des jours intercalaires ou embolismiques.

« A te principium romano ducimus anno :
 Primus de patrio nomine mensis eat.
Vox rata fit : patrioque vocat de nomine mensem.
 Dicitur hæc pietas grata fuisse deo.
Et tamen ante omnes Martem coluêre priores;
 Hoc dederat studiis bellica turba suis.....
Romulus hos omnes ut vinceret ordine saltem,
 Sanguinis auctori tempora prima dedit.
Nec totidem veteres quot nunc habuêre calendas.
 Ille minor geminis mensibus annus erat. »

« Quand le roi Romulus régla l'ordre des temps
En dix mois primitifs il partagea les ans.
Il faut bien l'avouer, ce fondateur de Rome,
Plus habile guerrier que savant astronome,
Mit la plus grande étude à vaincre ses voisins. »

« Martis erat primus mensis, Venerisque secundus. »

Romulus consacra donc le premier mois à Mars, son père, le second (avril) à Vénus (quasi *aphrilis* ab ἀφρός, spuma.) Vénus naquit de l'écume de la mer : c'est pourquoi on la nomme *Aphrodite*. Le mot avril peut dériver aussi du verbe *aperire*, ouvrir, parce qu'à cette époque de l'année les fleurs et les arbres ouvrent leurs boutons (*se aperiunt*).

Le troisième mois s'appelait maïus, mai, de Maïa, mère de Mercure; le quatrième, junius, juin, de la déesse Junon, ou parce que ce mois était consacré à la jeunesse, *juniorum*; et mai était appelé maïus, parce qu'il était consacré aux vieillards (*majoribus*).

« Mensis erat majus majorum nomine dictus. »
(Ovide.)

Les autres mois prenaient leur nom de leur nombre ordinal ; quintilis (cinquième), sextilis (sixième), september (septième), october (huitième), november (neuvième), december (dixième).

« Tertius à senibus, juvenum de nomine quartus :
 Quæ sequitur numero turba notata suo. »
(Ovide.)

Quintilis fut appelé *julius*, de Jules César, et *sextilis* prit le nom d'*augustus*, août, d'Augustus César, parce que dans ce mois il avait été nommé consul pour la première fois et qu'il avait remporté ses plus grandes victoires, et particulièrement celle qui le rendit maître d'Alexandrie en Egypte, et quinze ans après (*lustro tertio*, le lustre était composé de cinq ans), au jour anniversaire probablement, le 29 d'août, ses armes, sous la conduite de Tibère, triomphèrent des Rhétiens.

 « Vidêre Rheti bella sub Alpibus
 Drusum gerentem. » (HORACE.)

Voltaire voulait avec raison qu'on substituât au mot août ou oût le mot *auguste*, qui est d'une prononciation plus douce. D'autres empereurs donnèrent aussi leurs noms à quelques mois particuliers; mais après leur mort on oublia ces nouveaux noms.

Numa ajouta deux autres mois : le premier appelé *januarius*, de Janus, et l'autre *februarius*, parce que le peuple était alors purifié (*februabatur id est purgabatur, vel lustrabatur*) par un sacrifice expiatoire (*februalia*) de toutes les fautes qu'il avait commises pendant l'année; car anciennement ce mois était le dernier.

 « Primus enim Jani mensis, quia janua prima est.
 Qui sacer est imis manibus, imus erat. »
    (OVIDE.)

D'après l'exemple des Grecs, Numa divisa l'année en douze mois, suivant le cours de la lune. Cet espace de temps se trouvant renfermer en tout trois cent cinquante-quatre jours, il en ajouta un de plus, afin de rendre le nombre impair, croyant ce nombre plus heureux; mais, comme il manquait un intervalle de dix jours cinq heures quarante-neuf minutes (ou plutôt de quarante-huit minutes cinquante-sept secondes) pour faire correspondre le cours de l'année lunaire à celui du soleil, il ordonna d'intercaler tous les deux ans un mois extraordinaire, appelé *mensis intercalaris* ou *mercedonius*, entre le vingt-trois et le vingt-quatrième jour de février. On laissa aux pontifes la faculté de donner à ce mois le nombre de jours qu'ils jugeaient nécessaire (*arbitrio*). Ils lui donnaient plus ou moins de jours suivant leurs intérêts ou ceux de leurs amis.

Jules-César, devenu maître de l'empire, résolut, pour mettre fin à ce désordre, d'en détruire la source, l'usage des intercalations; et dans ce dessein il régla l'année selon le cours du soleil, et assigna à chaque mois le nombre de jours qu'ils ont encore aujourd'hui. Pour régulariser ce plan à dater du premier janvier suivant il inséra dans l'année courante, outre le mois supplémentaire de vingt-trois jours, qui, d'après l'ancien usage, tombait dans cette année, deux mois extraordinaires entre novembre et décembre, l'un de trente-trois jours et l'autre de trente-quatre; de sorte que cette année, qu'on appela la *dernière année de confusion*, contenait quinze mois, ou quatre cent quarante-cinq jours.

Tous ces changemens furent introduits par les soins et par l'habileté de Soligènes, célèbre astronome d'Alexandrie, que César avait fait venir à Rome pour exécuter ce travail. L'écrivain Flavius rédigea un nouveau calendrier conforme à l'ordre des fêtes romaines et à l'ancien usage de compter les jours par calendes, nones et ides, et un édit du dictateur en autorisa la publication. C'est cette fameuse *année julienne* ou *solaire* qui est en usage encore aujourd'hui chez toutes les nations chrétiennes, avec le seul changement d'ancien et de nouveau style que détermina un règlement du pape Grégoire, A. D. 1582. Ce souverain pontife, observant que l'équinoxe du printemps, à l'époque du concile de Nicée, était arrivé le 21 mars, A. D. 325, et qu'elle tombait alors le 10, d'après l'avis des astronomes, on supprima dix jours entiers de l'année courante, qu'on retrancha entre le 4 et le 15 octobre; et, pour faire concorder à l'avenir l'année civile avec l'année réelle, ou avec la révolution annuelle de la terre autour du soleil, ou, comme on s'exprimait alors, avec le mouvement annuel du soleil dans l'écliptique qui s'achève en trois cent soixante-cinq jours cinq heures quarante-neuf minutes, le souverain pontife défendit de prendre pour bissextile chaque centième année, à la réserve de la quatre centième; en sorte que la différence s'élevera à peine à un jour dans sept mille ans, ou, suivant un calcul plus rigoureux de la longueur de l'année, à un jour dans cinq mille deux cents ans.

Tous les pays catholiques admirent aussitôt cette réforme; mais on s'y refusa en Angleterre jusqu'à l'année 1752. Avant cette époque on ôtait onze jours entre le 2 et le 14 septembre, de sorte que ce mois contenait seulement dix-neuf jours; et dès lors on se conforma entièrement au nouveau style déjà adopté dans la plus grande partie de l'Europe. Une autre innovation fut aussi reçue la même année dans la Grande-Bretagne : le commencement de l'année légale, qui était autrefois au 25 mars, fut placé au 1er janvier. Ce changement date du 1er janvier 1752.

Les Romains divisaient leurs mois en trois parties : par *calendes*, *nones* et *ides*. On nommait le premier jour *kalendæ*, vel *calendæ* (à *calando*, vel *vocando* dit Adam); mais ce mot dérive bien plus sûrement du mot grec καλειν, *vocare*, un prêtre annonçant alors au peuple le retour d'une nouvelle lune; le cinquième jour *nonæ*, les nones; le treizième *idus*, les ides, du verbe hors d'usage *iduare*, diviser, les ides divisant le mois. On employait *nonæ*, nones, parce qu'en comptant inclusivement elles se trouvaient à neuf jours des ides.

En mars, mai, juillet et octobre, les nones tombaient au 7, et les ides au 15. On appelait le premier jour des mois intercalaires, *calendæ intercalares*, du premier des mois insérés par César, *kal. intercalares priores*. *Intra septimas kalendas*, en sept mois. *Voy.* l'épigramme de Martial que nous avons citée, et qui commence par ces vers :

« Non plenum modò vicies habebas :
Sed tam prodigus atque liberalis
Et tam lautus eras, » etc.

Sextæ calendæ, id est *kalendæ sexti mensis*, le premier jour de juin.

Kalendæ intercalares. « Bona postulas ut ex edicto possidere liceat : quo die? te ipsum, Nævi, volo audire; volo inauditum facinus ipsius qui id commisit voce convinci; dic, Nævi. — Diem ante V kalend. intercalares. — Benè agis : quam longè est hinc in saltum vestrum Gallicanum? Nævi, te rogo. — DCC millia passuum. — Optimè! de saltu dejicitur Quintius : quo die? quid taces? dic, inquam, diem. — Pudet dicere. — Intelligo : verum et serò, et nequicquam pudet; dejicitur de saltu, C. Aquilli, pridiè kalend. intercalares; biduò post, aut ut statim de jure aliquis cucurrerit, non toto triduò DCC millia passuum conficiuntur. »

(CICÉRON.)

« Vous demandez l'envoi en possession aux termes de l'édit : de quel jour est cette demande? je veux l'entendre de vous-même, Névius; je veux qu'un attentat inouï soit attesté par la voix même du coupable. Dites donc, Névius, de quel jour? — Du cinquième avant les calendes intercalaires (peut-être le 28 janvier). — Eh bien, combien y a-t-il d'ici au bois qui appartenait à votre société dans la Gaule? dites, je vous prie, Névius. — Sept cent milles. — Très bien. Quintius est chassé de ce bois; quel jour? Nous pouvons aussi l'apprendre de votre bouche; parlez donc, dites-nous le jour. — J'ai honte de le dire. — J'entends; mais cette honte est tardive et inutile. C'est, Aquilius, la veille des calendes intercalaires (le 31 janvier); ainsi le coureur, en partant immédiatement après l'audience, a fait en moins de trois jours sept cent mille pas. »

Mot à mot, *le cinquième jour avant les calendes intercalaires*. Jusqu'à César l'année romaine était lunaire, pour se rapporter avec le cours du soleil, tous les ans, après le 23 février, on ajoutait un mois appelé *intercalaire*. Les calendes intercalaires commençaient le 1er du mois intercalaire. Le second jour avant les calendes intercalaires était appelé la veille des calendes, car les calendes étaient regardées comme le premier, 23; le troisième répondait au 22, le quatrième au 21, le cinquième au 20.

Paul Manuce croit avec raison qu'après *ante* il manque *diem*.

« Vindicat ausonias Junonis cura calendas :
 Idibus alba Jovi grandior agna cædit.
Nonarum tutela deo caret, omnibus istis
 (Ne fallare) dies proximus ater erit.
Omen ab eventu est : illis nam Roma diebus
 Damna sub adverso tristia Marte tulit. » (OVIDE.)

« Le culte de Junon consacre les calendes :
Aux ides Jupiter réclame les offrandes.
Des nones aucun dieu n'est le protecteur,
Et le jour qui les suit est un jour de malheur.
Trop souvent en ce jour, de noirs cyprès couverte,
De ses soldats romains Rome pleura la perte. » (SAINT-ANGE.)

NONÆ. « Judex est M. Cæsonius, homo in rebus judicandis spectatus et cognitus ; quem minimè expediat esse in eo consilio quod conemur aliquâ ratione corrumpere : hunc judicem ex kal. januar non habebimus. Q. Manlium et Q. Cornificium, duos severissimos atque integerrimos judices, quod tribuni plebis tunc erunt, judices non habebimus. P. Sulpicius, judex tristis et integer, magistratum ineat necesse est nonis decemb. »
 (CICÉRON.)

« L'un des juges actuels est M. Césonius, collègue de notre accusateur, personnage bien connu, qui a fait ses preuves dans la judicature, et qu'il ne faudrait pas rencontrer parmi les membres d'un tribunal que nous voulons corrompre par tous les moyens possibles. A compter du 1er janvier nous n'aurons ni ce juge-là, ni Q. Manlius, ni Q. Cornificius, deux juges sévères et incorruptibles, parce qu'ils seront alors tribuns du peuple. P. Sulpicius, juge intègre et inexorable, est obligé d'entrer en charge le 5 décembre. »

C'était aux nones de décembre que les tribuns du peuple entraient en exercice.

Nones. C'était dans le calendrier romain le cinquième jour des mois de janvier, février, avril, juin, août, septembre, novembre et décembre, et le septième des mois de mars, mai, juillet et octobre. Ces quatre derniers mois avaient six jours avant les nones, et les autres quatre seulement, suivant ces vers :

Sex maius nonas, october, julius et mars,
Quattuor at reliqui.

Ce mot est venu apparemment de ce que le jour des *nones* était le neuvième avant les ides, comme qui dirait *nono-idus*.

Ces principes posés, il est facile d'entendre les expressions suivantes :

Ante diem XII calendar. novembris. Ce jour correspondait au 20 octobre de notre calendrier grégorien; *ante diem VI kal. novembris,* au 26, et *ante diem V* au 27 du même mois.

« Prætermitto ruinas fortunarum tuarum, quas omnes impendere tibi proximis idibus senties. » (Cicéron.)

« Je passe sous silence la ruine de tes biens, dont tu te sentiras écrasé aux ides prochaines. »

Proximis idibus. Cicéron cite cette époque parce qu'elle était de rigueur pour le paiement des dettes usuraires. Catilina, qui en était surchargé ainsi que ses complices, avait fixé l'exécution de ses projets aux jours qui précédaient immédiatement cette époque fatale.

Diem. Le jour chez les Romains était de douze heures, depuis six heures du matin jusqu'à six heures du soir. Il avait quatre heures principales; la première à six heures, *prima,* la seconde à neuf heures, *tertia,* la troisième à midi, *sexta,* la quatrième à trois heures, *nona.* Chacune de ces heures en renfermait trois, et répondait aux quatre veilles de la nuit.

VIGILIA, veille, partie de la nuit.

Les Romains divisaient la nuit en quatre parties égales; la première commençait ordinairement depuis six heures du soir jusqu'à neuf, la seconde depuis neuf jusqu'à minuit, la troisième depuis minuit jusqu'à trois heures du matin. La même chose se pratiquait dans les villes de guerre, et partout où il y avait des garnisons.

HOROLOGIUM, i, *n.* Un ancien auteur, selon Pline, faisait remonter l'usage des horloges jusqu'à la onzième année de la guerre de Pyrrhus. Le cadran solaire que Valérius apporta à Rome, ayant été dressé pour Catane, se trouva ne pas convenir au climat de Rome, et ne marquait pas les heures d'une manière juste. Environ cent ans après le censeur Marius Philippus en plaça un autre plus régulier tout près de celui de Valérius. Cette sorte d'horloge n'était que pour le jour et pour le temps où le soleil se montrait. Cinq ans après la censure de Marius un autre censeur, Scipion Nasica, en exposa une qui servait également le jour et la nuit : on l'appelait *clepsydre;* elle indiquait toutes les heures par le moyen de l'eau et de quelques roues qu'elle faisait tourner. Cette clepsydre était différente de celles dont on se servit d'abord chez les Grecs, puis chez les Romains, afin de fixer le temps aux avocats pour plaider, et dont on usait aussi dans les armées pour marquer le temps des quatre veilles de la nuit, dont chacune était de trois heures pour les sentinelles. (Rollin.)

Ad Ephemum.

« Prima salutantes atque altera continet hora :
  Exercet raucos tertia caussidicos,
In quintam varios extendit Roma labores,
  Sexta quies lassis, septima finis erit.
Sufficit in nonam nitidis octava palæstris;
  Imperat exstructos frangere nona toros.
Hora libellorum decima est, Eupheme, meorum. » (Mart.)

A Euphémus.

« Les deux premières heures de la journée sont consacrées aux visites des cliens; pendant la troisième les avocats s'enrouent à l'audience; Rome entière, pendant la cinquième, est livrée à des occupations de tout genre; à la sixième les gens fatigués se reposent; la septième met fin aux travaux; de la huitième à celle qui suit on se livre aux exercices de la palestre; c'est l'usage à neuf heures de fouler les lits préparés pour la table : mes ouvrages, Euphémus, peuvent se montrer à la dixième. »

Prima salutantes. Cette épigramme indique les usages familiers aux Romains et la division de leur journée. Le peuple romain a existé quatre siècles et demi sans avoir divisé le jour autrement que par le matin, le midi et le soir.

Papirius Cursor et Martius Philippus lui enseignèrent l'usage des cadrans, que Scipion Nasica partagea en douze intervalles égaux au moyen de la clepsydre; le midi en formait le milieu; six heures le précédaient; six autres étaient postérieures et se terminaient à la nuit. Dans les commencemens les deux premières étaient uniquement consacrées au culte des divinités et à la prière; dans la suite ces devoirs pieux étaient sacrifiés aux visites que Martial indique ici.

Toutes les occupations de la matinée avaient lieu d'une manière assez uniforme ; c'était le temps des affaires. A midi on prenait un léger repas, et on se livrait au repos : venaient ensuite les exercices de l'après-dînée, qui se passait tout entière en plaisirs et en amusemens jusqu'au souper, par lequel on terminait la journée. On allait au bain vers la neuvième heure, c'est à dire aux environs de trois heures après midi. A quatre la table était servie ; c'était pour les Romains la dixième.

HORA, heure.

« Strenuus ac fortis causisque Philippus agendis,
Clarus ab officiis octavam circiter horam
Redit : »   (Hor.)

« Philippe, ce pathétique, ce véhément orateur, si fameux par ses beaux plaidoyers, revient du palais sur les deux heures après midi. »

« Sic ignovisse putato
Me tibi si cœnas hodiè mecum; ut libet ergo
Post nonam venies. »   (Hor.)

« Hé bien, je vous pardonne à condition que vous viendrez aujourd'hui souper chez moi, comme il vous plaira, à quatre heures du soir. »

« Ad quartam (horam) jaceo. »   (Hor.)

« Je demeure au lit jusque vers les dix heures. »

Les anciens Romains ne distinguaient pas le temps en semaines, suivant l'usage que nous avons emprunté des Juifs. Le peuple de la campagne venait à Rome chaque neuvième jour, d'où on l'appelait *nundinæ quasi novendinæ*, ayant sept jours intermédiaires à donner au travail; mais il paraît qu'il n'y avait pas de mot pour désigner cet espace de temps: on appelait à la vérité *trinum nundinum* ou *trinundinum* l'intervalle entre la publication d'une loi et son adoption; mais il pouvait renfermer de dix-sept à trente jours, selon le temps qui devait s'écouler depuis le jour où l'on affichait l'annonce de l'affaire à traiter (*tabula promulgationis*) et celui de la tenue des comices. Les classiques n'emploient jamais le mot *nundinum* pour exprimer un espace de temps. A la vérité sous les anciens empereurs il indiquait la durée des fonctions consulaires : elle était alors probablement de deux mois; de sorte que chaque année avait douze consuls; de là on employa le mot *nundinum* pour signifier les deux consuls.

L'usage de diviser le temps en semaines (*hebdomades, septimanæ*) fut introduit sous les empereurs. Les jours de la semaine portaient des noms de planètes, dénominations qu'ils conservent encore aujourd'hui : *dies Solis,* dimanche; *Lunæ,* lundi; *Martis,* mardi; *Mercurii,* mercredi; *Jovis,* jeudi; *Veneris,* vendredi; *Saturni,* samedi.

En nommant les jours du mois les Romains comptaient à rebours; ainsi ils appelaient le dernier décembre *pridiè kalendas scilicèt antè* ou *pridiè kalendarum januarii;* exprimé plus succintement *prid. kal. jan.*; le jour avant ce mois, ou le 30 décembre; *tertio kal. jan. scilicèt die ante,* ou *ante diem tertium kal. jan,* et de même dans toute l'année.

TABLES DES CALENDES, NONES ET IDES.

Jours du Mois.	AVRIL, JUIN, SEPTEMBRE, NOV.	JANVIER, AOUT, DÉCEMBRE.	MARS, MAI, JUILLET, OCTOBRE.	FÉVRIER.
1	KALENDÆ.	KALENDÆ.	KALENDÆ.	KALENDÆ.
2	IV.	IV.	VI.	IV.
3	III.	III.	V.	III.
4	Prid. Non.	Prid. Non.	IV.	Prid. Non.
5	Nonæ.	Nonæ.	III.	Nonæ.
6	VIII.	VIII.	Prid. Non.	VIII.
7	VII.	VII.	Nonæ.	VII.
8	VI.	VI.	VIII.	VI.
9	V.	V.	VII.	V.
10	IV.	IV.	VI.	IV.
11	III.	III.	V.	III.
12	Prid. Id.	Prid. Id.	IV.	Prid. Id.
13	Idus.	Idus.	III.	Idus.
14	XVIII.	XIX.	Prid. Id.	XVI.
15	XVII.	XVIII.	Idus.	XV.
16	XVI.	XVII.	XVII.	XIV.
17	XV.	XVI.	XVI.	XIII.
18	XIV.	XV.	XV.	XII.
19	XIII.	XIV.	XIV.	XI.
20	XII.	XIII.	XIII.	X.
21	XI.	XII.	XII.	IX.
22	X.	XI.	XI.	VIII.
23	IX.	X.	X.	VII.
24	VIII.	IX.	IX.	VI.
25	VII.	VIII.	VIII.	V.
26	VI.	VII.	VII.	IV.
27	V.	VI.	VI.	III.
28	IV.	V.	V.	Prid. Kal. Martii.
29	III.	IV.	IV.	
30	Prid. Kal. Mens. Seq.	III.	III.	
31		Prid. Kal. Mens. Seq.	Prid. Kal. Mens. Seq.	

Dans l'année bissextile, qui est celle où le mois de février a vingt-neuf jours, ce qui arrive tous les quatre ans, on appelait le vingt-quatrième et le vingt-cinquième jour de ce mois *sexto calendas martii* ou *martias*; de là l'origine du nom *bissextilis* qu'on donne à cette quatrième année.

On employait indifféremment tous les noms de mois comme substantifs et comme adjectifs, à la réserve de celui d'*aprilis*, qui n'est pris que comme substantif.

Les Grecs n'avaient pas de calendes dans leur manière de compter; mais ils appelaient νουμηνια, nouvelle lune, le premier jour de chaque mois, d'où *ad græcas kalendas solvere*, pour *nunquam*. Payer aux calendes grecques, c'est à dire ne jamais payer.

Parmi les Romains on distinguait le jour en civil et en naturel.

Le jour civil (*dies civilis*) avait pour durée l'intervalle de minuit à minuit. Ses divisions étaient 1° *media nox*; 2° *mediæ noctis inclinatio, vel de mediá nocte*; 3° *gallicinium*, le chant du coq, le moment où le coq commence à se faire entendre; 4° *conticinium*, lorsqu'il cesse de chanter; 5° *diluculum*, l'aurore; 6° *mane*, le matin; 7° *antemeridianum tempus*, l'avant-midi; 8° *meridies*, midi; 9° *tempus pomeridianum vel meridiei inclinatio*, après-midi; 10° *solis occasus*, coucher du soleil; 11° *vespera*, le soir; 12° *crepusculum* (*dubium tempus*) *noctis an diei sit, ideo dubiæ res crepera dictæ*; (VARR.) 13° *prima fax*, le moment d'allumer les flambeaux, temps aussi appelé *primæ tenebræ, prima lumina*; 14° *concubia nox vel concubium*, temps de se coucher; 15° *intempesta nox* ou *silentium noctis*, nuit avancée; 16° *inclinatio ad mediam noctem*.

Le jour naturel (*dies naturalis*) était depuis le lever du soleil jusqu'à son coucher; on le divisait en douze heures inégales, dit Adam, suivant les diverses saisons : d'où *hora hiberna* pour *brevissima*.

DIVISION DES JOURS ET DES FÊTES DES ROMAINS.

Dies festi, jours de fêtes; *dies profesti*, jours employés aux affaires; *dies intercisi*, jours en partie *festi* et en partie *profesti*, dont la moitié seulement était consacrée aux dieux.

Aux jours *festi* on offrait des sacrifices; on célébrait des fêtes et des jeux, ou du moins on suspendait les occupations ordinaires. On donnait le nom de *feriæ*, jours religieux, à ceux pendant lesquels les affaires cessaient; ils étaient ou publics ou particuliers.

Il y avait des fêtes fondées (*statæ*) ou fixées annuellement à un certain jour par les magistrats ou par les prêtres (*conceptivæ*); d'autres célébrées accidentellement d'après les ordres du consul, du préteur ou du grand pontife (*imperativæ*).

Parmi les fêtes fondées on remarquait surtout les suivantes : 1° Au mois de janvier; *agonalia*, en l'honneur de Janus; cette fête se célébrait le neuvième.

> « Janus agonali luce piandus erit. » (OVIDE.)

> « En l'honneur de Janus on offre un sacrifice.
> C'est la fête agonale; à l'autel meurtrier,
> Quelque dieu qu'on implore, on immole un bélier. »
> (SAINT-ANGE.)

On célébrait aussi cette fête le 20 mai. *Carmentalia*, en l'honneur de *Carmenta*, mère d'Evandre. On célébrait cette fête au pied du Capitole, près la porte Carmentale, où était un autel élevé en l'honneur de Carmenta; mais ce jour était seulement une demi-fête (*intercisus*). Le 13 janvier (*idibus*) on immolait un mouton (*vervex vel ovis semimas*); et ce jour-là on joignait le nom d'*Augustus* avec celui d'*Octavianus*. Au premier du mois on se souhaitait réciproquement bonheur et santé (*omnia fausta*); on envoyait des présens à ses amis. Beaucoup de magistrats entraient alors en charge, et les ouvriers concevaient d'heureuses espérances des ouvrages qu'ils commençaient à cette époque (*opera auspicabantur*).

2° En février, *faunalia*, au dieu Faune, le 13 (*idibus*).

Lupercalia, à Pan Lycéen; le 15 (xv *kal. Mart.*)

Quirinalia à Romulus surnommé Quirinus, le 17.

Feralia, quòd tum epulas ad sepulcra amicorum ferebant vel pecudes feriebant; (Festus.) aux dieux manes (*dii manes*), le 21 (Ovide dit le 17); et quelquefois les fêtes duraient plusieurs jours; les parens et les amis donnaient ensuite un festin de paix et d'union (*charistia*) pour terminer entre eux les dissensions, les querelles et les autres différens qui pouvaient les séparer.

Terminalia, à Terminus, le dieu Terme.

Regifugium vel *regis fuga*, en mémoire de la fuite du roi Tarquin, le 24; *Equiria*, course de chevaux au Champ de Mars, en l'honneur de ce dieu, le 27.

3° En mars, *matronalia*. Plusieurs motifs engageaient les dames romaines à célébrer ces fêtes, mais surtout le souvenir de la guerre que leur médiation avait terminée entre les Sabins et les Romains: le premier jour de ces fêtes les maris offraient ordinairement des présens à leurs femmes.

Festum anciliorum, au même jour et pendant les trois jours suivans. Alors les Saliens portaient dans la ville les boucliers de Mars. On était dans l'usage de leur préparer des festins splendides, d'où *saliares dapes* vel *cœnæ* pour *lautæ, opiparæ, opulentæ*.

Liberalia, à Bacchus, au 18 (vv. *kal. ap.*). C'était à cette époque que les jeunes gens prenaient ordinairement la robe virile, *toga virilis*. *Quinquatrus, -uum* vel *quinquatria*, en l'honneur de Minerve, au 19. D'abord cette fête ne durait qu'un jour; mais ensuite elle en dura cinq, d'où elle prit son nom. A cette époque les jeunes gens présentaient à leurs maîtres des dons appelés *minervalia*. Au dernier jour de ces fêtes, de même que le 23 mai (x *kal. ap.*) on purifiait les trompettes dont on se servait dans les rites sacrés (*lustrabantur*) en immolant un agneau, sacrifice appelé *tubilustrium, -ia*, en l'honneur de la mère des dieux, le 25.

4° En avril, *Megalesia* ou *Megalenses*, à la grande mère des dieux, le 4 ou le 5. Il y en a qui prétendent que les fêtes mégalésiennes sont les mêmes que les précédentes.

Cerealia ou *Ludi Cereales*, à Cérès, le 9.

Fordicidia, le 15. On immolait à cette fête des vaches pleines (*fordæ boves, id est gravidæ, quæ in ventre ferunt*); *fordæ, id est fœtæ*.

> « Tertia post Veneris cum lux surrexerit idus,
>   Pontifices, forda sacra litate bove.
> Forda ferens bos est fœcundaque dicta ferendo;
>   Hinc etiam fœtus nomen habere putant.
> Nunc gravidum pecus est, gravidæ nunc semine terræ;
>   Telluri plena victima plena datur. »

Palilia vel *Parilia*, à Palès, le 21.

César ordonna de célébrer ce jour-là, tous les ans, les jeux du Cirque en mémoire de la nouvelle qu'on reçut à Rome, le soir avant la fête, de la dernière victoire qu'il avait remportée à Munda, en Espagne, sur Labiénus et les fils de Pompée.

Robigalia à *Robigus*, pour le prier de préserver le blé de la nielle (*à rubigine*), le 25.

Floralia à *Flora* et à *Chloris* (*ut omnia benè deflorescerent*), pour prier ces déesses de rendre les fleurs fécondes. Ces fêtes commençaient le 28, et se célébraient jusqu'à la fin du mois.

« Plusieurs écrivains rapportent que la présence de Caton les fit une fois cesser. » (AD.)

Les jeux floraux furent institués à Rome en l'honneur de la déesse Flore dès les premières années de sa fondation, époque que l'on fait remonter au règne de Romulus. Cette solennité durait six jours, les derniers d'avril et les premiers de mai. Elle avait lieu la nuit aux flambeaux dans un cirque spacieux, situé dans la rue Patricienne, et se renouvelait tous les ans. L'institution de cette fête avait pour but d'attirer sur les campagnes la bienfaisance de la déesse du printemps, à l'occasion d'une stérilité qui avait été la suite des intempéries de la saison.

« On peut juger quelle était la corruption du peuple romain non seulement par la célébration d'une pareille fête, mais par l'indulgence du sévère Caton, qui, entraîné par les circonstances sans doute, se relâcha à tel point de ses principes qu'il se présenta pour assister aux jeux floraux. Cependant, comme il s'aperçut que sa présence empêchait qu'on ne se livrât librement à la joie, le facile censeur se leva de sa place, et sortit pour ne pas troubler les spectateurs. » (*Extrait d'une note de E. T. Simon.*)

5° En mai, aux calendes, les vestales et les femmes seulement célébraient les rites sacrés de la bonne déesse, *bona dea* (*cùm omne masculum expellebatur*) dans la maison des consuls et des préteurs, pour le salut du peuple. Le même jour on élevait aussi un autel (*constituta*), et on offrait un sacrifice aux dieux *Lares*, appelés *Præstites* (*quod omnia tuta præstant*).

« Præstitibus maiæ Laribus vidêre kalendæ
    Aram constitui, parvaque signa deum.
Voverat illa quidem Curius; sed longa vetustas
    Destruit, et saxo multa senecta nocet.
Causa tamen positi fuerat cognominis illis
    Quod præstant oculis omnia tuta suis.
Stant quoque pro nobis, et præsunt mœnibus urbis,
    Et sunt præsentes auxiliumque ferunt. » (OVIDE.)

Le 2, *Compitalia*, aux dieux *Lares*, sur les chemins publics; anciennement on immolait des jeunes gens à *Mania*, mère des Lares; mais Junius Brutus abolit cet usage cruel.

Lemuria, aux *Lémures*, fantômes ou spectres, ombres que l'on regardait comme les âmes des morts qui venaient visiter leurs amis pendant la nuit (*manes paterni*). On observait des rites sacrés en leur honneur pendant trois nuits, non successivement, mais dans l'espace de six jours; le 13, aux ides, les vestales, accompagnées des pontifes et des prêtres, jetaient du haut du pont Sublicius dans le Tibre les simulacres de trente vieillards (*simulacra scirpea virorum*), mannequins faits de joncs : on les appelait *argei*.

« Tum quoque priscorum vulgo simulacra virorum
    Mitti roboreo scirpea ponte solent. » (OVIDE.)

Argée, montagne située au centre de la Cappadoce.

Argées, fêtes romaines que les vestales célébraient tous les ans aux ides de mai en jetant dans le Tibre des figures d'hommes faites de jonc. Par cette cérémonie on voulait expier la coutume barbare des anciens peuples de cette contrée, qui jetaient tous les étrangers dans le Tibre. (BOUILLET.)

La fête des marchands (*festum mercatorum*) se célébrait le même jour; ils offraient alors des prières à Mercure, et observaient les rites de son culte le 23.

Le nom *Mercurius* dérive de marchandises (*à mercibus*). Mercure, comme on le sait, était le dieu des marchands, des négocians, des avocats, des filous et des voleurs. Il est représenté ordinairement tenant une bourse à la main.

Vulcanalia, à Vulcain, fêtes aussi appelées *Tubilustria*, parce qu'on purifiait alors les trompettes sacrées.

« Proxima Vulcani lux est : Tubilustria dicunt
  Lustrantur puræ quas facit ille tubæ. »   (OVIDE.)

6° Juin, aux calendes, on célébrait la fête de la déesse *Carna* (*quæ civitatis humanis præerat*), de *Mars extramuraneus*, dont le temple était bâti hors de la porte *Capena*, et celle de *Juno Moneta*, le 4 celle de Bellone, le 7 *Ludi Piscatorii*, le 9 *Vestalia*, en l'honneur de Vesta, le 10 *Matralia*, à la déesse du matin, *Matuta*, etc.

« Ite, bonæ matres, vestrum matralia festum,
  Flavaque thebanæ reddite liba deæ.
Pontibus et magno juncta est celeberrima circo
  Area, quæ posito de bove nomen habet;
Hâc ibi luce ferunt Matutæ sacra parenti
  Sceptriferas servi templa dedisse manus,
Quæ dea sit, quare famulas à limine templi
  Arceat (arcet enim) libaque tosta petat :
Bacche, racemiferos hederâ redimite capillos,
  Si domus illa tua est, dirige vatis opus.
Arserat obsequio Semele Jovis; accipit Ino
  Te puer; et summa sedula nutrit ope.
Intumuit Juno, raptâ quod Pellice natum
  Educet; at sanguis ille sororis erat. »   (OVIDE.)

Matrales, -*lia*, fête qu'on célébrait à Rome le 11 juin en l'honneur de Matuta ou Ino.

« Les dames romaines pouvaient seules participer aux cérémonies de la fête, et entrer dans le temple; une seule esclave y était admise, et on la renvoyait après l'avoir légèrement souffletée en mémoire de la jalousie qu'Ino avait conçue contre une de ses esclaves. Les Romaines n'offraient des vœux à cette déesse que pour les enfans de leurs frères ou de leurs sœurs, parce que Matuta avait été trop malheureuse pour les siens propres. Le sacrifice qu'elles offraient consistait en un gâteau de farine, de miel et d'huile. » (BOUILLET.)

7° Juillet. Les calendes de ce mois étaient le terme du loyer des maisons. C'était à cette époque que l'on changeait de demeure (*commigrabant*). Le 4 on célébrait la fête de la fortune des femmes en mémoire de la retraite de Coriolan, qui éloigna son armée de Rome aux sollicitations de sa mère. Le 5, *ludi apollinares*. On célébrait ces jeux à Rome tous les cinq ans (*lustrum*) aux nones de juillet, en l'honneur d'Apollon. On offrait à ce dieu un bœuf aux cornes dorées et des chevreaux blancs; on offrait à la mère d'Apollon une génisse aux cornes dorées. Le 12, jour de la naissance de Jules-César; le 15, aux ides, la cavalcade des chevaliers romains. Ils étaient divisés en plusieurs escadrons, couronnés de branches d'olivier et revêtus de leur habit de cérémonie (*trabea*); ils allaient en cavalcade du temple de Mars hors de la ville, ou du temple de l'Honneur jusqu'au Capitole. Le 16 (*dies alliensis*), anniversaire de la défaite des Romains par les Gaulois, commandés par Brennus (*dies ater et funestus*). *Atri dies* étaient les mêmes que les *dies relligiosi*, où l'on se faisait scrupule ou de s'occuper de quelque pratique religieuse, ou d'entreprendre quelque nouvelle affaire.

8° Août, fête de Diane; le 13, aux ides; 19, *Vinalia*, où l'on faisait une libation de vin nouveau, en l'honneur de Jupiter et de Vénus.   (ADAM.)

« *Vinalies*, fêtes que les Romains célébraient deux fois l'année, l'une au mois d'avril, en l'honneur de Vénus, et l'autre au mois d'août, en celui de Jupiter. »   (BOUILLET.)

Le 18, *Consualia*, jeux consacrés à *Consus*, dieu du conseil, ou à Neptune équestre. « Consus, dit un traducteur de Tite-Live, était apparemment Neptune ou quelque autre divinité que Romulus se proposait d'associer à son culte. »

Ce fut à ces fêtes que les Sabines furent enlevées par les Romains; le 23 *vulcanalia*.

9° Septembre, le 4 (*prid. non.*) *ludi Magni* ou *Romani*, en l'honneur de grandes divinités, Jupiter, Junon et Minerve, pour le salut de la ville; le 13, anciennement le consul ou le dictateur (*prætor maximus*) avait coutume d'attacher ce jour-là un clou dans le temple de Jupiter, *Meditrinalia*, à *Meditrina*, déesse des cures et des guérisons (*medendi*); alors on commençait à boire le vin nouveau.

10° Octobre; le 12, *Augustalia vel ludi Augustales*; le 15, ou aux ides, on sacrifiait un cheval appelé *Equus octobris*, *vel october*, parce que c'était dans ce mois, disait-on, que les Grecs avaient pris la ville de Troie par le moyen d'un cheval.

« Instar montis equum divinâ Palladis arte
Ædificant. »   (VIRGILE.)

On en portait promptement la queue dans la maison du grand pontife, *regia*, afin que son sang coulât sur le foyer.

11° Novembre; on célébrait le 13 une fête solennelle appelée *Epulum jovis*, et le 27 des rites sacrés; parce qu'à cette époque on avait brûlé vifs, sur le marché aux bœufs, deux Grecs et deux Gaulois, un homme et une femme de l'une et de l'autre nation.

12° Décembre; le 5, ou aux nones, *Faunalia*; le 17, *Saturnalia*, fêtes de Saturne, les plus célèbres de l'année; alors toutes les classes du peuple se livraient à la joie et aux festins; les amis se faisaient des présents réciproques, et les maîtres servaient à table leurs esclaves. A ces fêtes on ajouta deux jours qu'on appelait *sigillaria à sigillis*, petites figures en relief dont on se faisait mutuellement présent, et que les parens donnaient surtout à leurs enfans. Le 23, *Laurentinalia*, en l'honneur d'Acca Laurentia, femme de Faustulus et nourrice de Romulus. Les magistrats faisaient annuellement à certains jours (*concipiebantur vel indicebantur*) la célébration des fêtes appelées *Feriæ conceptivæ*; telles étaient:

1. *Feriæ latinæ*, les féries latines. Dans l'origine Tarquin les institua pour un seul jour; on en ajouta un autre après l'expulsion de ce roi. Elles furent ensuite continuées pendant trois jours, et enfin pendant quatre. Les consuls assistaient toujours aux fêtes

latines avant de se rendre à leurs provinces; et si dans ces cérémonies quelque inexactitude avait été commise ou quelque rite mal observé, on devait les observer de nouveau.

2. *Paganalia*, célébrées dans les villages (*in pagis*) en l'honneur des dieux tutélaires des tribus rustiques.

3. *Sementinæ* (*semen*), au temps des semailles, pour obtenir une bonne récolte quand les laboureurs avaient ensemencé leurs terres, ils célébraient ces fêtes en l'honneur de Tellus et de Cérès.

>Ter quater evolvi signantes tempora fastos;
> Nec sementina est ulla reperta dies,
>Cum mihi, sensit enim, lux hæc indicitur...
> Musa, quid à fastis non stata sacra petis?
>Utque dies incerta sacris, sic tempora certa.
> Seminibus jactis est ubi fœtus ager.
>Pagus agat festum : pagum lustrate, coloni,
> Et date paganis omnia liba focis.
>Placentur frugum matres Tellusque Ceresque
> Farre suo gravidæ visceribusque suis.
>Officium commune Ceres et terra tuentur.
> Hæc præbet causam frugibus; illa locum. (OVIDE.)

4. *Compitalia*. Les Romains célébraient ces fêtes dans les carrefours (*compita*) en l'honneur des dieux Lares ou Pénates, et de Maria ou la Folie, mère des Lares.

Feriæ imperativæ, fêtes établies accidentellement, *sacrum novendiale, vel feriæ per novem dies*, elles duraient neuf jours. Les novendiales du paganisme avaient quelque rapport avec nos neuvaines. Différentes circonstances donnaient lieu aux novendiales, comme, par exemple, si on annonçait qu'il était tombé une pluie de pierres.

On peut encore ajouter la cessation du travail à l'occasion de quelque calamité publique; c'est ce qu'on appelait *justitium* (*cum jura stant*), lors d'une guerre dangereuse, à la mort d'un empereur.

Quand un général avait remporté une victoire signalée le sénat ordonnait de rendre des actions de grâces dans tous les temples, *supplicatio, vel supplicium*; le mot *lectisternium* désignait les fêtes dans lesquelles on préparait des lits pour les dieux (*lecti vel pulvinaria sternebantur*), comme si on se fût proposé de les inviter à un festin. On ôtait les statues de leur piédestal, et on les plaçait sur ces lits, autour des autels chargés des mets les plus somptueux; d'où *ad omnia pulvinaria sacrificatum; supplicatio decreta est*.

Les familles et les individus avaient encore des fêtes particulières pour le jour de naissance, à l'occasion de quelque prodige, et on célébrait par des sacrifices et par différens jeux le jour de la naissance des empereurs, tel que l'anniversaire de la naissance d'Auguste, le 23 septembre.

On appelait *Augustalia* les jeux qu'on donnait à cette occasion, et on donnait le même nom à ceux du 12 octobre (IV *id. oct.*) institués en mémoire de son retour à Rome.

Dies profesti. Ces jours étaient *fasti vel nefasti*.

«Ne tamen ignores variorum jura dierum,
  Non habet officii lucifer omnis idem.
Ille nefastus erit per quem tria verba silentur:
  Fastus erit per quem lege licebit agi.
Non toto perstare die sua jura putaris,
  Qui jam fastus erit mane nefastus erat.
Nam simul exta deo data sunt, licet omnia fari,
  Verbaque honoratus libera prætor habet. »

(OVIDE.)

« Et des jours de travaux et des jours de férie
Les noms sont différens; leur usage varie.
Le faste et le néfaste ont leurs divers emplois;
L'un permet au barreau l'exercice des lois,
Mais l'autre le défend : tel jour dans son contraste
Est néfaste au matin et le soir devient faste.
Quand le temple est fermé, quand les dons sont offerts,
Les tribunaux du juge aux procès sont offerts. »

(SAINT-ANGE.)

Tria verba. Ces trois mots qui étaient prononcés par le préteur sont *do, dico, addico,* hoc est *do leges, dico jus, addico, damno;* ou bien *do bonorum possessionem, dico jus, addico id de quo quæritur.*

Nundinæ, quasi novem dinæ, jour de marché qui revenait tous les neuf jours; s'il tombait le premier de l'année, il était réputé malheureux. Auguste, qui était très superstitieux, avait coutume d'ajouter alors un jour à l'année pour détourner ce mauvais présage en l'empruntant sur l'année suivante, afin de ne pas altérer l'ordre du calendrier établi par Jules César. Les *novemdiales* ou *novendiales* furent institués par Tullus Hostilius à l'occasion d'une grêle horrible qui tomba sur le mont Aventin. On donnait aussi ce nom aux funérailles, parce qu'on les faisait neuf jours après le décès. Il y avait des jours favorables pour livrer bataille; d'autres pour l'éviter. Parmi ces derniers étaient les trois jours qui suivaient immédiatement les calendes, les nones et les ides; car ce mot *post* était de mauvais présage. C'est sans doute pour cette raison que dans leur manière de compter, dit le traducteur d'Adam, les Romains ne se servaient que du mot *ante* comme *quarto ante nonas,* etc. Les Romains appelaient ces jours *dies religiosi, atri, vel infausti,* et on désignait par la même dénomination les jours signalés par des désastres remarquables, comme *dies alliensis.* On appelait les ides de mars ou le 15 *parricidium,* parce que c'était le jour où César, surnommé père de la patrie, fut assassiné dans le sénat.

La plus grande partie de l'année était employée à des fêtes, des sacrifices et des féries. Claude réduisit le nombre de ces solennités.

DIVISION DU TEMPS

CHEZ LES GRECS.

Olympiade, *s. f.* Espace de quatre ans révolus qui servait aux Grecs à compter leurs années.

Lorsque Ovide dit *quinquennis olympias* c'est une expression badine par laquelle il a voulu désigner un lustre ou un espace de cinq ans. Ce poète venait de traverser la Grèce pour se rendre au lieu de son exil, et en conséquence il a voulu réunir plaisamment les deux manières de compter des Grecs et des Romains. Il aurait pu dire aussi bien *lustrum quadrinum* pour signifier une *olympiade*.

La manière de supputer le temps par *olympiades* tirait son origine de l'institution des jeux olympiques, qu'on célébrait tous les quatre ans durant cinq jours, vers le solstice d'été sur les bords du fleuve Alphée, auprès d'Olympe, ville d'Elide. Ces jeux furent institués par Hercule en l'honneur de Jupiter l'an 2886 du monde, et ils furent rétablis par Iphitus, roi d'Elide, trois cent soixante-douze ans après.

La première *olympiade* commença l'an 3938 de la période Julienne, l'an 3208 de la création, cinq cent cinq ans après la prise de Troie, sept cent soixante-seize ans avant la naissance de Jésus-Christ, et vingt-quatre ans avant la fondation de Rome. Voici donc comme l'on s'exprime dans la chronologie : Romulus est né la seconde année de la seconde *olympiade*; le temple de Delphes fut brûlé la première année de la cinquantième *olympiade*; la bataille de Marathon se donna la troisième année de la soixante-douzième *olympiade*. On ne trouve plus aucune supputation des années par les *olympiades* après la quatre cent quatrième, qui finit à l'an 440 de l'ère vulgaire.

La Grèce tira ses époques des *olympiades*, et on ne compta plus que par *olympiades*.

Les savans ont des obligations infinies à cette époque, qui répandit la clarté dans le chaos de l'histoire.

Scaliger s'écrie : « Salve, veneranda olympias, custos temporum, vindex veritatis historiæ, frænatrix fanaticæ chronologorum licentiæ! » etc.

Cycle, *s. m.* Terme de chronologie qui signifie une certaine période ou suite de nombres qui procèdent par ordre jusqu'à un certain terme, et reviennent ensuite les mêmes sans interruption.

Voici quelle a été l'origine des cycles : la révolution apparente du soleil autour de la terre fut d'abord divisée arbitrairement en vingt-quatre heures, et cette division devint la base et le fondement de toutes les mesures des temps. Dans l'usage civil on ne connaît que les heures, ou plutôt des multiples d'heures, comme les jours, les années, etc.; mais ni le mouvement annuel du soleil ni celui d'aucun autre corps céleste ne peut être mesuré et divisé exactement par le moyen des heures ou de leurs multiples. Par exemple, la révolution annuelle du soleil est de trois cent soixante-cinq jours et cinq heures quarante-neuf minutes, à très peu de chose près, celle de la lune de vingt-neuf jours douze heures, quarante-quatre minutes. C'est pour faire évanouir ces fractions et pour les changer en des nombres entiers qui ne renfermassent que des jours et des années que l'on a inventé les *cycles*; les cycles comprennent plusieurs révolutions du même astre, et par ce moyen l'astre se trouve après un certain nombre d'années au même endroit du ciel d'où l'on a supposé qu'il était parti, ou, ce qui est la même chose, il se trouve à la même place dans le calendrier civil. Tel est le fameux cycle de dix-neuf ans.

Ce cycle est aussi nommé cycle de la lune ou cycle lunaire; c'est une période de dix-neuf années solaires et sept mois intercalaires ; au bout de ces dix-neuf ans les pleines et les nouvelles lunes retombent au même jour de l'année Julienne.

On appelle aussi cette période méthonienne, du nom de son inventeur Méthon, Athénien ; on la nomme encore *nombre d'or*. Cependant le nombre d'or se dit plus proprement du nombre qui indique l'année du cycle lunaire pour une année quelconque donnée.

La première année de la quatre-vingt-septième olympiade, dix mois environ avant le commencement de la guerre du Péloponèse, Méthon, de concert avec Euctémon, ayant observé le solstice d'été, produisit une période de dix-neuf années solaires, qui renfermait deux cent trente-cinq lunaisons, et ramenait le soleil et la lune à peu près au même point du ciel.

« Les Athéniens firent graver les points des équinoxes et des solstices sur les murs du Pnyx », etc.
(BARTHELEMY.)

NOMBRE D'OR, terme de chronologie. C'est un nombre qui marque à quelle année du cycle lunaire appartient une année donnée.

Voici de quelle manière on trouve le nombre d'or de quelque année que ce soit depuis Jésus-Christ. Comme le cycle lunaire commence l'année, il ne faut qu'ajouter au nombre des années qui se sont écoulées depuis Jésus-Christ, et diviser la somme par 19; ce qui restera après la division faite sera le nombre d'or que l'on cherche; s'il ne reste rien, le nombre d'or sera 19.

Supposez, par exemple, que l'on demande le nombre d'or de l'année 1725 : 1725 plus 1 égale 1726, et 1726 divisé par 19 donne 90 pour quotient, et le reste 16 est nombre d'or que l'on cherche.

Le nombre d'or servait dans l'ancien calendrier à montrer les nouvelles lunes ; mais on ne peut s'en servir que pendant trois cents ans, au bout desquels les nouvelles lunes arrivent environ un jour plus tôt que selon le nombre d'or; de sorte qu'en 1582 il s'en fallait environ quatre jours que le nombre d'or ne donnât exactement les nouvelles lunes, quoique ce nombre les eût données assez bien du temps du concile de Nicée.

De sorte que le cycle lunaire est devenu tout à fait inutile, aussi bien que le nombre d'or pour marquer les nouvelles lunes.

Cette raison et plusieurs autres engagèrent le pape Grégoire XIII à réformer le calendrier, et à y substituer le cycle des épactes; de sorte que le nombre d'or, qui dans le calendrier Julien servait à trouver les nouvelles lunes, ne sert dans le calendrier Grégorien qu'à trouver le cycle des épactes.

On dit que le nombre d'or a été appelé *nombre d'or* soit à cause de l'étendue de l'usage qu'on en fit, soit à cause que les Athéniens le reçurent avec tant d'applaudissement qu'ils le firent écrire en lettres d'or dans la place publique. On en attribue l'invention à Méthon, Athénien.

Méthon, pour former son cycle de dix-neuf ans, supposa l'année solaire de 365 jours 6 heures 18' 56'' 50''' 31'''' 34^v, et le mois lunaire de 29 jours 12 heures 45' 47'' 26''' 48'''' 30^v.

Lorsque le cycle méthonique est révolu les lunaisons ou les pleines lunes reviennent au même jour du mois, de façon que si les nouvelles et pleines lunes arrivent cette année à un certain jour elles tomberont dans dix-neuf ans, suivant le cycle de Méthon, précisément au même jour.

C'est ce qui a fait qu'au temps du concile de Nicée, lorsqu'on eut réglé la manière de déterminer le temps de la Pâque, on inséra dans le calendrier les nombres du cycle méthonique à cause de leur grand usage, et le nombre du cycle pour chaque année fut nommé le nombre d'or pour cette année.

Cependant ce cycle a deux défauts; le premier de ne pas faire l'année solaire assez grande; le second d'être trop court, et de ne pas donner exactement les nouvelles lunes à la même heure après dix-neuf ans écoulés, en sorte qu'il ne peut servir que pendant environ trois cents ans, au bout desquels les nouvelles et pleines lunes rétrogradent d'environ un jour.

Calippus a prétendu corriger le cycle méthonique en le multipliant par quatre, et formant ainsi une période de soixante-seize ans.

ÉPACTE, *epacta*. C'est la différence de l'année commune lunaire, qui n'est que de trois cent cinquante-quatre jours, d'avec l'année commune solaire, qui est de trois cent soixante-cinq jours.

Cette différence fait que les nouvelles lunes reculent tous les ans de onze jours, ce qui fait que l'épacte augmente de onze chaque année, et quand le nombre passe trente le surplus est l'épacte; on trouve l'âge de la lune à un et quelquefois à deux jours près, en ajoutant l'épacte de l'année au nombre des jours du mois où l'on est et au nombre des mois écoulés depuis celui de mars, en observant aussi de retrancher trente jours quand ces trois sommes ajoutées ensemble vont au-delà: ainsi au 18 juillet de l'année 1702 on compta le 23 de la lune parce que nous avons eu une épacte qui, jointe aux dix-huit jours du mois et aux quatre mois depuis le mois de mars, font vingt-trois jours. L'épacte augmente tous les ans de onze jours; par conséquent nous avons eu douze d'épacte en 1703, puisque nous avons eu un en 1702; mais si nous avions eu dix-neuf d'épacte l'année suivante on n'aurait pas compté trente-huit; en y ajoutant onze l'épacte serait *, c'est à dire qu'on prendrait cette année-là l'astérisque, que l'épacte serait nulle, qu'il n'y en aurait pas cette année-là, et que la lune tomberait au 1ᵉʳ janvier. Remarquez que les épactes n'augmentent chaque année que de douze, à la réserve de l'année qui suit celle où finit le nombre d'or, où l'on ajoute douze à la vieille épacte pour faire celle de ladite année, ce qui n'arrive que de dix-neuf ans en dix-neuf ans, et que l'on a vu aux années 1729, 1748 et 1767. En 1700 on aurait pu compter onze d'épacte en joignant douze à dix-neuf; mais parce que cette année-là n'a point été bissextile, on n'a compté que dix d'épacte, vingt-un en 1701 et un en 1702. Le cycle des épactes est de trente années, c'est à dire qu'après trente ans écoulés à la trente-unième année les épactes reviennent telles qu'elles étaient à la première de ces trente années passées, et que leur cours recommence pour trente ans le même que dans les années précédentes.

Dans tout le cours de ce cycle, pour avoir l'époque d'une année donnée, tant bissextile que commune, il ne faut jamais ajouter que onze à l'épacte de l'année précédente.

Les épactes commencent l'onzième des calendes d'avril, ou le 21 mars. Denis, Le Petit, Isidore, Clavius, Scaliger et Gassendi ont écrit amplement des épactes.

BISSEXTE, terme de chronologie.

Année de trois cent soixante-six jours qui arrive de quatre en quatre ans à cause de l'addition qu'on y fait d'un jour qu'on insère dans le mois de février pour remplacer les six heures que le soleil emploie pour faire son cours chaque année au-delà de trois cent soixante-cinq jours. On appela ce jour-là *bissexte* parce que César ordonna qu'il fût intercalé après le 25 de février, qui était le 6 des calendes de mars; ainsi parce que l'on comptait cette année deux fois le 6 des calendes de mars, *bissexto calendas*, on nomma bissexte le jour qui était intercalé, et année bissextile l'année où cela arrivait.

Intercalaris dies, *annus intercalaris*. Les Grecs modernes ont aussi adopté ce mot: βισεξτος et βισεξτον.

Les Grecs empruntèrent des Egyptiens la division du jour en heures; on le divisait en quatre parties, le lever et le coucher du soleil, l'avant et l'après midi; on partagea ensuite le jour en douze heures; elles se comptaient du lever au coucher du soleil; elles étaient plus courtes dans le solstice d'hiver et plus longues dans le solstice d'été. La première heure, dans les équinoxes, répondait au temps de la journée qui s'écoule depuis notre sixième heure du matin jusqu'à la septième; la sixième répondait à midi, la septième à une heure, etc. Les Grecs comptaient dix heures à partir de l'aurore. Tantôt ils les désignaient par des nombres, et tantôt par des noms qui exprimaient leur emploi. Voici leurs noms:

1° Αυγή, l'aurore ou l'aube du jour.

2° Ανατολή, le lever du soleil.

3° Μουσεία, l'heure des muses ou des études.

4° Γυμνασια, l'heure du gymnase ou des exercices; cette heure suivait immédiatement la précédente.

5° Νύμφαι, heure des nymphes des fontaines, appelées Naïades.

6° Μεσεμβρία, le midi;

7° Σπονδη, l'heure des libations;

8° Λιτή, l'heure des prières;

9° Ακτή και Κύπρις, Cérès et Cypris; heure de la table et des plaisirs.

10° Δυσις, l'heure où le soleil se couche.

On divisait les heures de la nuit en quatre *veilles*; chaque veille contenait trois heures; elles étaient longues en hiver et courtes en été.

Les Grecs divisaient chaque mois en trois décades; le premier jour était nommé νεομηνία ou νονμηνία, premier du mois. Les néoménies répondent aux calendes; voilà pourquoi ceux qui ont traduit les auteurs grecs en latin, Kuster, par exemple, rendent ce mot grec par *kalendæ*, quoique les Grecs n'eussent pas de *calendes*.

La première décade se disait πρωτη μηνος ισταμενου, premier du mois.

La seconde μεσση, celle du milieu.

La troisième λήγοντος (décroissant).

Voici la division des mois :

Juin, ηκατομβαίον, hécatombéon. Ainsi nommé à cause des grands sacrifices que l'on faisait dans ce mois, qui, suivant les uns, était le premier de l'année athénienne, suivant d'autres le sixième; suivant l'opinion de plusieurs il répondait aux mois de juillet et d'août. Il était anciennement nommé χρόνιος, de χρονος, Saturne, le Temps. Ce mois était de vingt-neuf jours.

Les Béotiens, selon Plutarque, le nommaient ιπποδρομος (Hippodromus), et les Macédoniens Loüs.

Juillet, μεταγιτνιον, métagitnion, ainsi nommé à cause du sacrifice qu'on faisait à Apollon. Les métagitnies, fêtes célébrées en l'honneur de ce dieu, signifient changement de domicile, de voisinage; elles furent instituées quand les habitans de Mélite allèrent habiter le bourg de Diomée. Rac. μετα, qui exprime le changement; γειτων, voisin.

Βοηδρομιων, boédromion, mot qui signifie courir au combat, au secours. R. βοα, secours, combat; τρεχω, courir.

Les Athéniens étant vivement pressés dans la guerre qu'Eumolpe leur faisait, leur roi Erichtée appela Xuthus, fils d'Hellen, à son secours. Celui-ci accourut au combat, et sauva les Athéniens. C'est pour célébrer cet heureux événement qu'ils nommèrent ce mois Boédromion. Ils célébraient les boédromies par des sacrifices. Plutarque en fait mention dans la vie d'Aristide.

Ce mois était de 29 jours, il répondait à la fin d'août et au commencement de septembre.

Septembre, μαιμακτηριων, mæmactérion. Harpocration fait dériver ce nom de Jupiter *maimacète*, c'est à dire impétueux; ce mois est ordinairement pluvieux.

Octobre, πυανηψιων, pyanepsion. Ainsi nommé à cause de la fête et du festin que les Athéniens faisaient dans ce mois; leur principal mets était de la purée de fèves, qu'on nommait *pyanon* : les pyanepsies étaient célébrées en l'honneur d'Apollon et de Minerve. Elles furent, dit-on, instituées par Thésée quand il eut vaincu le Minotaure. Il fit un sacrifice de toutes les fèves qui restaient, les fit cuire et les mangea avec ses compagnons.

Ce mois était de vingt-neuf jours.

Novembre, ανθεστεριων, antestérion. Ce mois tire son nom de ανθος, fleur, et de στειρω, priver, parce que dans ce mois les fleurs cessent de fleurir et que les feuilles tombent. Il était consacré à Bacchus.

Les anthestéries se célébraient pendant trois jours. Dans le premier on ouvrait les tonneaux, et on goûtait le vin ; dans le second on se provoquait à boire : le vainqueur obtenait une couronne de lierre et une coupe de vin ; dans le troisième jour on remplissait et l'on portait des vases qui contenaient toute espèce de fruits.

Ce mois répondait d'abord aux mois de mars et d'avril, ensuite aux mois de novembre et décembre ; enfin il répondit à ceux de janvier et de février.

Décembre, ποσιδαιων, posidéon, mois consacré à Neptune, que les Grecs appellent ποσειδων. C'est dans ce mois que Minerve disputa à Neptune l'honneur de commander à l'Attique. Cette déesse ayant été victorieuse, les Athéniens, pour consoler Neptune, célébraient en son honneur les exercices et les jeux les plus magnifiques. Il était de trente jours.

Janvier, γαμηλιων, gamélion, mois consacré à Junon. Ce mot est dérivé de γαμος, mariage. C'est dans ce mois que les nouveaux mariés devaient se présenter devant l'assemblée des tribuns, φρατορες, pour faire ratifier leur mariage. Ils s'y rendaient avec leurs épouses et des témoins. (Vingt-neuf jours.)

Les gamélies avaient lieu au mariage, à l'anniversaire de la naissance et à celui de la mort. On croyait que les gamélies rendraient le mariage plus heureux quand on les célébrait dans le mois de janvier.

Février, ελαφηβολιων, élaphébolion. Ce mot signifie *chasse aux biches*; ελαφος, biche, cerf; βαλλω, jeter, lancer, chasser. On célébrait dans ce mois une chasse en l'honneur de Diane chasseresse. Il était de vingt-neuf jours.

Les Phociens, réduits au désespoir, avaient pris la résolution de se jeter dans les flammes s'ils étaient vaincus dans le combat qu'ils devaient livrer aux Thessaliens. Diane leur donna la victoire : pour rendre grâces à la déesse de cette faveur insigne, ils instituèrent la fête des élaphébolies ; ils offraient à Diane un cerf de pâte. Suivant quelques-uns ce mois répondait au mois de mars.

Mars, νοημηλιων, noémélion. Il était ainsi nommé à cause des fêtes qu'on célébrait dans ce mois en l'honneur de Diane près du pont Munychion. (Trente jours.)

On nommait aussi ce mois *munychion*.

Munychie était un bourg et un port de l'Attique ; il reçut son nom de Munychus, qui y bâtit un temple en l'honneur de Diane.

Les fêtes munychies se célébraient dans la pleine lune.

Avril, θαργηλιων, thargélion, rac. θερειν, moissonner; γαια, γη, terre; ηλιος, soleil. On célébrait pendant ce mois une fête nommée *thargélie* en l'honneur d'Apollon, de Cérès ou de Diane, suivant plusieurs.

On priait ces divinités de rendre la récolte abondante. Il était de vingt-neuf jours.

On croyait expier les crimes du peuple en sacrifiant dans ce mois deux hommes ou un homme et une femme qu'on avait d'abord engraissés. Quelques-uns disent que ces fêtes reçurent le nom de *thargelos*, qui signifie *vase*.

Σκιροφοριων, scirophorion. Ce mois, qui était le dernier de l'année, était ainsi nommé à cause de la fête qu'on célébrait en portant une espèce de *tente* que les Athéniens nommaient σκιρον. Cette tente était portée par la prêtresse de Minerve, par le prêtre de Neptune et celui d'Apollon.

Les citoyens sortaient de l'Acropolis d'Athènes en procession pour aller à Eleusine, dans un temple de Minerve nommé *sciras*.

Tout le peuple faisait des sacrifices en l'honneur de cette déesse. (Trente jours.)

Scirus, devin, avait élevé un temple à cette déesse. C'est de ce devin qu'elle reçut son surnom.

L'année grecque était particulièrement nommée attique; le mois intercalaire ou embolismique se plaçait après posidéon, ou le sixième mois : il était appelé posidéon deux, ou second posidéon.

Les Macédoniens avaient donné d'autres noms à leurs mois, ainsi que les Scyromacédoniens, les Smyrniens, les Tyriens.

Voici les noms des mois macédoniens :

Peritius, dystrus, xanthicus, arthémisius, dœlius, panémus, loüs, gorpiæus, hyperbérétæus, dius, apelleus, audynæus.

FIN.

www.ingramcontent.com/pod-product-compliance
Lightning Source LLC
Chambersburg PA
CBHW070251100426
42743CB00011B/2224